꼬꼬 초등 필수 영단어 따라쓰기

꼬꼬 초등필수 영단어 따라쓰기

초판 1쇄 인쇄 | 2025년 7월 20일
초판 1쇄 발행 | 2025년 7월 25일
지은이 | 국제어학연구소 영어학부 이규승 이승원
펴낸곳 | 국제어학연구소 출판부
펴낸이 | 이규인
디자인 | 윤영화
등록번호 | 2010년 1월 18일 제302-2010-000006호
주소 | 서울시 영등포구 문래북로116 트리플렉스 903호
전화 | (02) 704-0900
팩스 | (02) 703-5117
홈페이지 | www.bookcamp.co.kr
e-mail | changbook1@hanmail.net
ISBN 979-11-9880106-7   63740
정가 | 16,000원

꼬꼬

초등필수

영단어

따라쓰기

이규승 · 이승원 지음

aeroplane

Uranus

Donut

House

Car

MP3
홈페이지 자료실에서 다운 받으세요.

Chicken

Kiwi

Jumper

Balloon

국제어학연구소

머리말

　영어공부에 있어서 가장 기본은 단어를 외우는 일입니다.

　이 책은 교육부에서 선정한 '초등학생이 꼭 알아야 할 영어단어' 900개 이상을 수록하고 있습니다. 단어는 쓰고 외우는 것도 중요하지만 정확한 발음으로 읽고 말하는 것이 중요합니다. 따라서 이 책의 앞부분에는 영어를 처음 공부하는 여러분들을 위해 26개의 알파벳과 발음법을 설명해 놓았고, 교육부 지정 900단어는 초등학생 수준에서 요구되는 뜻만을 골라서 담았습니다. 어렵게 느껴지는 발음기호에 대한 부담을 덜어 드리기 위해 단어마다 실제발음과 근접한 우리말의 음을 달아, 보다 쉽고 재미있게 공부할 수 있도록 하였습니다. 또한 한글표기의 모호함과 한계를 인정하여 현지인의 발음이 담긴 MP3파일을 통해 정확한 발음을 듣고 따라할 수 있도록 하였습니다.

　이 책의 특징을 살펴보면,

이책의 특징을 살펴 보면
제1장 알파벳 쓰기
제2장 명사
제3장 형용사
제4장 동사
제5장 기타(관사·접속사·대명사·전치사·부사·조동사)

이와 같이 초등필수영단어를 주제별로 분류한 후, 중요도에 따라 알기 쉽게 그림과

〈일러두기〉
1. 우리말의 음은 비교적 근접한 발음으로 표기했습니다.
2. 강세는 발음기호에만 표기했습니다.
3. 품사는 약어로 표기했습니다.

   동 – 동사   형 – 형용사 / 타 – 타동사 전 – 전치사 / 자 – 자동사 부 – 부사
   명 – 명사 접 – 접속사 / 대 – 대명사 감 – 감탄사

   함께 배열·수록하였습니다. 게다가 단어를 쉽게 외울 수 있도록 생생하고 유익한 단어만을 엄선해, 최신의 주요 영어사전과 인터넷의 자료를 참조하였으며, 각 단어마다 친근함을 주기 위해 생생한 그림으로 표현하여 초보자도 쉽게 따라 할 수 있도록 로마자와 우리 말로 발음하였습니다.

   이 책은 특히 발음편을 보강하여 더욱 정확한 영어 문자의 발음을 익힐 수 있도록 하였으니 발음편을 적극 활용하고, 반복해서 학습함으로써 영어와 친숙해지는 계기가 되었으면 합니다. 그리고 원어민 발음의 MP3를 활용하여 영어와 친숙해지고 높은 수준의 영어 학습도 가능합니다. 이 책의 교육부 지정 필수초등영단어는 교과서 내용 외의 수준 높은 단어도 들어 있어 중학생이 되기 위한 준비 학습에 많은 도움이 될 것입니다.

   참고로 발음은 약간씩 차이가 있을 수 있으니 이 책을 학습하는 데 필요한 발음기호를 살펴보면 이해하기 쉽습니다.

※「에」를 짧고 강하게, 바로 이어서「이」를 살짝 붙여「에이」하고 발음하면 된다. ← 발음 설명

5

ALPHABET

A a 에이 [ei]

apple 사과
[ǽpl] 애플

B b 비- [bi:]

ball 공
[bɔ:l] 볼-
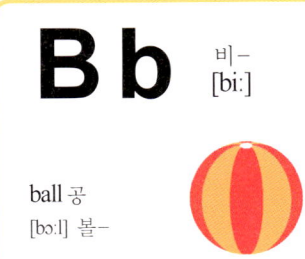

C c 씨- [si:]

chair 의자
[tʃɛər] 체어
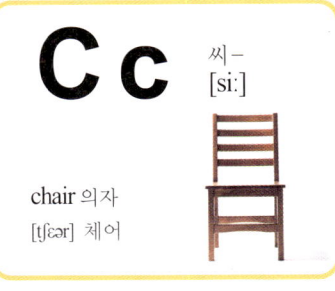

D d 디- [di:]

desk 책상
[desk] 데스크
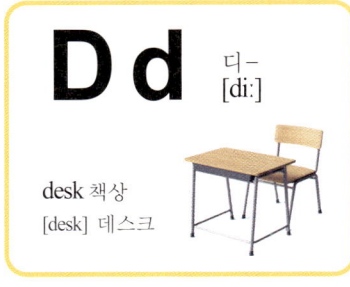

E e 이- [i:]

earth 지구
[ə:rθ] 어-쓰
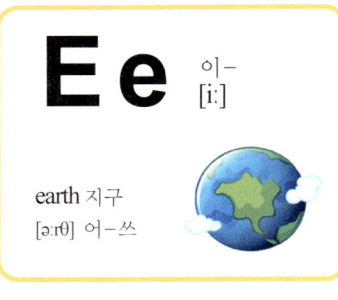

F f 에프 [ef]

fish 물고기
[fiʃ] 피쉬

G g 쥐- [dʒi:]

girl 소녀
[gə:rl] 걸-
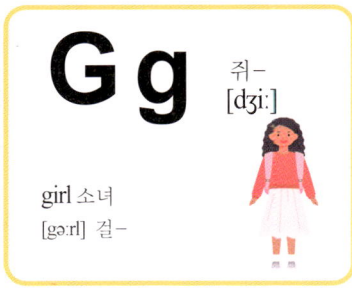

H h 에이취 [eitʃ]

house 집
[haus] 하우스
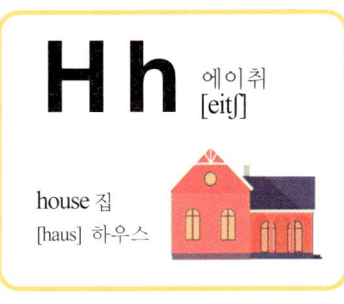

I i 아이 [ai]

iron 다리미
[áiərn] 아이언
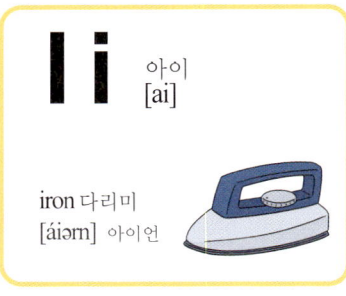

J j 제이 [dʒei]

jacket 자켓
[dʒǽkit] 재킷

K k 케이 [kei]

king 왕
[kiŋ] 킹

L l 엘 [el]

lamp 등불
[læmp] 램프

Mm 엠 [em]
mountain 산
[máuntən] 마운튼

Nn 엔 [en]
nail 못
[neil] 네일

Oo 오우 [ou]
orange 오렌지
[ɔ́rindʒ] 오-린지

Pp 피- [pi:]
penguin 펭귄
[péŋgwin] 펭귄

Qq 큐- [kiu:]
queen 여왕
[kwi:n] 퀸-

Rr 알- [a:r]
robot 로버트
[róubət] 로우벗
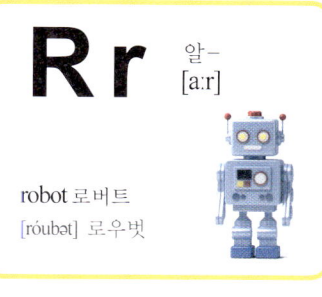

Ss 에스 [es]
sun 태양
[sʌn] 선
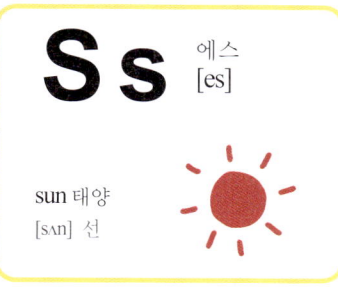

Tt 티- [ti:]
telephone 전화
[téləfòun] 텔러포운

Uu 유- [ju:]
umbrella 우산
[ʌmbrélə] 엄브렐러

Vv 브이- [vi:]
violin 바이올린
[vàiəlín] 바이얼린

Ww 더블유- [dʌbljù:]
window 창문
[windou] 윈도우

Xx 엑스 [eks]
x-ray 엑스레이
[eksreɪ] 엑스레이
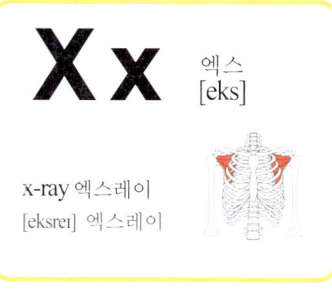

Yy 와이 [wai]
yacht 요트
[jat] 야트
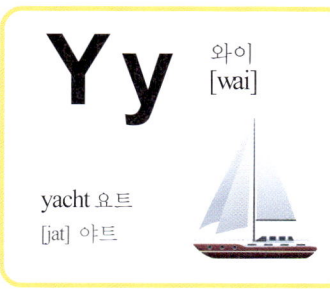

Zz 지- [zi:]
zoo 동물원
[zu:] 주-

차례

머리말 ································· 04
알파벳 익히기 ······················· 06

제1장 **알파벳 쓰기** ··········· 10

제2장 **명사**
수(숫자 번호) ······················· 62
계절 ······························· 65
방향 ······························· 66
가족 ······························· 67
몸·신체 ···························· 70
색깔 ······························· 75
동물 ······························· 78
과일 ······························· 83
꽃 ································ 85
교통 ······························· 86
집과 사회시설 ····················· 88
자연 ······························· 95
예술 ······························· 103
사람들 ···························· 105
음식 ······························· 112
때 시간 ···························· 119
선물 ······························· 123

액세서리 ··························· 126
생활용품 ··························· 130
소속 ······························· 140
행동 ······························· 143
기분 감정 ·························· 151
그 밖의 명사들 ···················· 156

제3장 **형용사** ················ 174

제4장 **동사** ·················· 200

제5장 **기타**
관사 ······························· 234
접속사 대명사 ····················· 235
전치사 ···························· 240
부사 ······························· 245
조동사 ···························· 252

부록
한글 영어발음 ····················· 254
영어 찾아보기 ····················· 256
한글 찾아보기 ····················· 262

제1장
알파벳 쓰기

교육부
지정

알파벳 알아두기

1. 발음기호란 무엇인가?

영어발음은 우리말 발음과는 많이 다르다는 점을 알아야 한다.

이를테면, 「a」를 알파켓 식으로 발음하면 「에이」이지만, 하나의 구성된 단어 속에서는 그 발음이 「애」, 「어」, 「아」 등 여러소리로 변한다.

그 예로 father 「파아더-」 (아버지)의 「a」만 보아도 그 발음이 「에이」가 아니고 「아」로 발음된다.

이렇듯 영어의 발음은 우리말과는 많이 다르기 때문에 그걸 일정하게 우리의 글로 표기하기란 여간 어렵지 않다.

아무튼 영어란 우리글과는 달리 한글로 표시 못하는 발음이 있는가 하면, 또 영·미인들이 우리나라 말을 배울 때에 역시 자기들 영어에는 없는 발음이 있기 때문에, 그래서 국제적으로 통용되는 '발음기호'란 것이 생겨났다.

어쨌든 '발음기호'를 정확히 익히고 활용하는 것만이 영어를 잘 할수 있는 길이니 열심히 공부하길 바란다.

2. 모음이란 무엇인가?

'모음'이란 한 마디로 말해서, 발음할 때 '입술, 코, 목구멍' 등의 장애를 받지 않고 자연스럽게 나오는 「유성음」을 말한다.

즉, 다시 말하면 「a : 아」, 「e : 에」, 「i : 이」, 「o : 오」, 「u : 우」 등과 같이 자연스럽게 나오는 소리를 '모음'이라 한다.

모음은 발음기호의 음(音)을 기준으로 하여 다음과 같이, '단모음'과 '이중모음'으로 나누어진다.

• 단모음

[a]「아」

Q 보기

우리말의 「아」와 같은 소리로, 입을 크게 벌리고 길게 「아」하면 된다.
- box [baks] 「박스」: 상자
- not [nat] 「낫(낱)」: 아니다, 않다

[a:]「아ㅡ」

Q 보기

입을 크게 벌리고 「아」를 「아ㅡ」하고 발음하면 된다.
- farm [fa:m] 「팜ㅡ」: 농장
- father [fáðər] 「파더」: 아버지

참고사항

* **악센트(accent)** : 영어를 발음할 때 특히 그 철자 중에서 더 강하게 발음하라는 부분이 있다. 이것을 '악센트' 즉, 「강세」라고 말하며, 그걸 부호는 〈′〉로 표시한다.
* [:] : 이 표는 길게 발음하라는 표시. 우리말 표기는 〈ㅡ〉.
  발음기호에서 비슷한 모양의 [r] [r]음과는 발음이 다르니 유의하기 바란다. 즉 [r]음은 혀 끝을 구부리면서 약간 들릴락말락하게 내는 우리말의 「ㄹ」(ㅡ)음에 가까운 음이다.

[a:r]「아ㅡ(ㄹ)」

Q 보기

입을 크게 벌리고 혀 끝을 약간 구부려 윗니 뿌리에 달락말락하게 하면서, 「아:ㅡ」하고 발음하면 된다.
- park [pa:rk] 「파ㅡ크」: 공원
- card [ka:rd] 「카ㅡ드」: 카드

참고사항

* [r] 발음 즉, 우리말 「ㄹ」음은 「ㅡ」로 표기하니 유의하기 바란다.
* 위의 '보기'에서와 같이 단어 속에 [r]이 들어 있으면, 미국에서는 「아:ㅡ」, 영국에서는 그냥 「아ㅡ」로 발음한다.

[e] 「에」

우리말의 「에」와 거의 같은 소리다. 우리말의 「에」보다 좀더 입을 벌리고 「에」하면 된다.

🔍 보기 • ten [ten] 「텐」 : 십(10)
　　　　 • egg [eg] 「에그」 : 달걀

[ɛ] 「에(애)」

[e]와 [æ]의 중간소리 [e] 보다 입을 좀더 크게 옆으로 벌리는 기분으로 [ɛ]하면 된다.

🔍 보기 • Mary [mɛ́əri] 「메리」 : 메리(여자이름)
　　　　 *미국발음. 영국인은 「메어리」라고 발음한다.

[æ] 「애」

우리말의 「애」에 가까운 소리. [ɛ]를 발음할 때보다 좌우로만 입을 힘차게 벌리고 「애」하면 된다.

🔍 보기 • fan [fan] 「팬」 : 선풍기, 팬(운동에 있어 지지자나 애호가)
　　　　 • narrow [nǽrou] 「내로우」 : (폭이)좁은

[i] 「이」

우리갈의 「이」와 거의 같은 소리로 혀에 힘을 주지않고 입을 자연스럽게 약간 벌리면서 「이」하면 된다.

🔍 보기 • ink [íŋk] 「잉크」 : 잉크
　　　　 • hit [hit] 「힛(히트)」 : 맞히다, 때리다.

[iː] 「이ㅡ」

앞의 [i] 보다 길게 발음한다. 다만 입을 약간 좌우로 벌리고 혀를 올리면서 「이ㅡ」하면 된다.

🔍 보기 • bee [biː] 「비ㅡ」 : 꿀벌
　　　　 • eat [iːt] 「이ㅡ트」 : 먹다

[ɔ] 「오」

우리말의 「오」 보다 입을 더 크고 둥글게 벌리고 입을 앞으로 내밀면서 목 안으로부터 강하고 짧게 「오」 하면 된다.
*미국인은 [ɔ]를 [a]로 보통 발음한다.

🔍보기 • hot [hat] 「핫」 : 뜨거운(미국인) *영국인은 [홋]으로 발음한다.
• doll [dal] 「달」 : 인형(미국인) *영국인은 [돌]로 발음한다.

[ɔː] 「오ー」

[ɔ]를 길게 [ɔ]때보다 입술을 더 둥글게 앞으로 내밀고 혀 뒤를 더 올리면서 목 안으로부터 「아」 소리에 가깝게 「오ー」 하고 길게 발음하면 된다.

🔍보기 • ball [bɔ́ːl] 「볼ー」 : 공
• wall [wɔ́ːl] 「월ー」 : 벽

[O] 「오우」

입술을 둥글게 하여 「오」하다가 약간 입술을 앞으로 내밀면서 동시에 「우」 하면 된다. 보통 '이중모음'에서 볼 수 있다.

🔍보기 • no [nou] 「노우」 : 아니오(아니다)
• go [gou] 「고우」 : 가다(간다)

[Oː] 「오ー」

우리말의 「오」와 같다. 따라서 [ɔ]나 [ɔː]보다 입을 작게 둥글게 벌리면서 자연스럽게 「오ー」하고 발음하면 된다.
한마디로 [oː]는 미국식 발음이고, 영국에서는 [oː]를 「오우」로 발음한다는 것을 유의하기 바란다.

🔍보기 • home [hoːm] 「홈ー」 : 가정 〈미국〉 *영국에서는 [houm] 「호움」
• coat 「코트」 : 웃옷〈미국〉 *영국에서는 [kout] 「코우트」

[u] 「우」

우리말의 「우」와 거의 같은 소리다. 하지만 우리달의 「우」보다 입술을 더 둥글게 오므리고 내밀면서 휘파람을 불듯이 「우」하면 된다.

🔍보기 • book [buk] 「북」 : 책
• foot [fut] 「풋(풑)」 : 발

[uː]「우-」 앞의 「우」보다 더 둥글게 오므리고 혀의 뒤를 더 올리면서 「우-」 하고 길게 발음하면 된다.

🔍 **보기** · spoon [spuːn]「스(쓰)푼-」: 숟가락
· moon [muːn]「문-」: 달

[ʌ]「어」 우리말의 「아」 할 때보다 입을 작게 벌리고 「어」에 가까운 「아」 소리를 내면 된다.

🔍 **보기** · sun [sʌn]「썬」: 태양
· cut [kʌt]「컷(캇)」: 썰다, 베다

참고사항

* [ʌ]는 영국식 발음기호이며, 미국에서는 [ʌ]대신 [ə]를 쓴다.

[ə]「어」 입술이나 혀에 힘을 주지 않고 자연스럽게 입을 조금 벌리고 약간 「오」에 가깝게 「어」하면 된다.

🔍 **보기** · ago [agóu]「어고우」: ~이전에
· America [əmérikə]「어메리커」: 미국

[ər]「어-」 혀 끝을 안으로 구부리고 윗니 뿌리에 혀 끝이 달락말락하게 하면서 약하게 「어~」 하면 된다. 이때 그 소리는 「오-」에 가깝게 들린다.

🔍 **보기** · doctor [dáktər]「닥터-」: 의사
· actor [ǽktər]「액터-」: 배우

참고사항

* 영국인은 미국인과는 달리 [ər]를 [ə]로 발음한다. 위의 '보기' 역시 영국인은 doctor는 [dáktər], actor는 [ǽktər]로 발음한다.

• 이중모음

두 개의 다른 모음이 한데 연결되어 약한 쪽이 강한 쪽에 붙어서 하나의 음절을 이루는 것을 '이중모음'이라 한다.

[ai] 「아이」   [a]의 발음은 [a]와 같고, [i] 역시 알파벳 [i]의 발음과 같다. [ai]의 발음은 우리 말의 「아이」와 같은 발음이다.

   보기
- sky [skai] 「스카이」 : 하늘
- night [nait] 「나이트」 : 밤

참고사항

* [a]는 단독으로 사용하지 않으며, 반드시 그 다음에 [i] 도는 [u]를 두어서 [ai], [au]와 같이 '이중모음'으로 사용된다.

[au] 「아우」   「아」를 강하게 「우」는 약하게 살짝 붙여 「아우」하고 발음한다.

   보기
- mouse [maus] 「마우스」 : 생쥐
- out [aut] 「아웃」 : 밖으로

[ei] 「에이」   [e]음과 [i]발음을 합친 음이다. 한 마디로 [ei]의 발음은 알파벳 'A(a)'의 발음과 같다.

   보기
- table [teibl] 「테이블」 : 탁자
- name [neim] 「네임」 : 이름

[ɛər] 「에어ㅡ」   [ɛ]와 [ər]의 음을 합친 음. [ɛ]를 강하게 [ər]을 약하게 발음한다. 미국에서는 [ɛər]를 쓰고, 영국에서는 [ɛə]를 쓴다.

   보기
- bear [bɛər] 「베어」 : 곰〈미국〉 *영국에서는 [bər] 「베어」
- air [ɛər] 「에어」 : 공기〈미국〉 *영국에서는 [ɛr] 「에어」

[iə] 「이어」   [i]와 [ə]의 발음을 합친 음. [i]를 강하게, [ə]는 약하게 이어서 발음한다.

🔍 보기   • idea [aidíːə] 「아이디-어」 : 생각

[iər] 「이어-」   [i]와 [ər]의 발음을 합친 음. [i]를 강하게, [ə]를 약하게 이어서 발음한다. 그리고 유의할 점은 단어속이 [r]이 있을 때에 미국에서는 [iər]을 쓰고 영국에서는 [iə]를 쓴다.

🔍 보기   • near [níər] 「니어」 : 가까이〈미국〉 ＊영국에서는 [niə] 「니어」
         • beer [bíər] 「비어」 : 맥주〈미국〉 ＊영국에서는 [biə] 「비어」

[oər] 「오어-」   [o]와 [ər]음을 합친 음. [o]를 강하고 약간 길게, [ər]은 약하게 이어서 발음한다.

🔍 보기   • door [dɔ́ːr] 「도어-」 : 창문
         • store [stɔ́ːr] 「스토어-」 : 상점
         ＊영국인은 미국인과는 달리 door를 [dɔː] 또는 [dɔə], store를 [stɔː] 또는 [stɔə] 로 발음한다.

[ɔi] 「오이」   [ɔi]는 [ɔ]와 [i]를 합친 음이다. [ɔ]는 강하게, [i]는 약하게 연이어 발음한다.

🔍 보기   • toy [tɔi] 「토이」 : 장난감
         • boy [bɔi] 「보이」 : 소년

[ou] 「오우」   「오」를 세게, 「우」를 가볍게 이어서 발음한다.
         [ou]의 발음은 이를테면, 알파벳 'o'의 발음과 같다.

🔍 보기   • nose [noːz] 「노-즈」 : 코 〈미국〉 ＊영국에서는 [nouz] 「노우즈」
         • no [no] 「노오」 : 아니오 〈미국〉 ＊영국에서는 [nou] 「노우」

[uər] 「우어-」 [uər]은 [u]와 [ər]의 발음을 합친 음이다. [u]를 강하게 [ər]은 약하게 이어서 발음한다. 여기서 유의할 점은 미국에서는 [uər]를 쓰고, 영국에서는 [uə]를 쓴다는 걸 이해하기 바란다.

🔍보기
- poor [puər] 「푸어」 : 가난한 〈미국〉 *영국에서는 [puə] 「푸어」
- your [juər] 「유어」 : 당신의 〈미국〉 *영국에서는 [yuə] 「유어」

3. 자음이란 무엇인가?

자음이란 발음할 때 혀, 이, 구강, 입술 등이 발음기관에 의해 호흡이 제한되어 나오는 소리를 말한다.

자음은 성대의 진동을 수반하는 유성(有聲) 자음과 그렇지 않은 무성(無聲)자음 두가지로 크게 나눌 수 있다.

[p] 「ㅍ(프)」 우리말의 닿소리(자음)인 「ㅍ」음과 같은 소리로 양입술을 물었다가 급히 열면 「ㅍ」음에 가까운 무성음 「ㅍ」음이 나온다.

🔍보기
- pig [pig] 「픽」 : 돼지
- page [peidʒ] 「페이지」 : 페이지, 쪽

[b] 「ㅂ(브)」 발음방법은 [p]와 같고, 다만 「브」음에 가까운 「ㅂ」로 발음하면 된다. 유성음이다.

🔍보기
- bed [bed] 「베드」 : 침대
- book [buk] 「북」: 책

[t] 「ㅌ(트)」 우리말 「트」에서 「ㅡ」을 뺀 음이라고 생각하면 된다. 윗몸에 혀 끝을 붙였다가 갑자기 떼면 된다. 무성음이다.

🔍보기
- tent [tent] 「텐트」 : 천막
- top [tap] 「탑」 : 꼭대기

[d] 「ㄷ(드)」   [t]음을 발음할 때와 같은 방식으로 발음하되, 이것도 우리말 「드」에서 「ㅡ」음을 뺀 음으로 발음하면 된다.

🔍보기
- desk [desk] 「데스크」 : 책상
- day [dey] 「데이」 : 일, 하루

[k] 「ㅋ(크)」   우리말 「ㅋ」에서 「ㅡ」를 뺀 발음이라고 보면 된다. 무성음이다.

🔍보기
- king [kíŋ] 「킹」 : 왕
- cup [kʌp] 「컵」 : 잔

[g] 「ㄱ(그)」   이것 또한 우리말 「그」에서 「ㅡ」를 뺀 발음이라고 보면 된다.

🔍보기
- girl [gə́rl] 「걸ㅡ」 : 소녀
- pig [pig] 「픽」 : 돼지

[f] 「ㅍ(프), ㅎ(흐)」   [f]음은 우리말에는 없는 음이니 특히 주의하기 바란다. 윗니를 아랫입술에 가볍게 대고 「프」하면 「흐」에 비슷한 입김 소리가 나온다. 무성음이다.

🔍보기
- foot [fut] 「풋」 : 발
- finger [fíŋgər] 「핑거」 : 손가락

[v] 「ㅂ(브)」   [v]음도 우리말에는 없는 음이다. 물론 「v」음을 우리글로 표기할때에는 [b]음과 같으나 실제 발음은 다르다.

🔍보기
- voice [vois] 「보이스」 : 소리
- five [faiv] 「파이브」 : 다섯, 5

[S] 「ㅅ(스), ㅆ(쓰)」

우리말의 「스(쓰)」에서 「ㅡ」를 뺀 「스(쓰)」음이라고 보면 된다. 혀 끝을 윗 잇몸에 가까이 하여 내는 무성음이다.

🔍 보기
- sound [saund] 「싸운드」 : 음향
- desk [desk] 「데스크」 : 책상

[Z] 「ㅈ(즈)」

[s]와 같은 방식으로 발음하는 유성음이다. 다만 [z]음은 [s]음의 흐린 소리이며 우리말의 「ㅈ」음의 굵히는 소리 쯤으로 보면 된다. 아무튼 [z]음 또한 우리말에는 없는 음이다.

🔍 보기
- zoo [zuː] 「주ㅡ」 : 동물원
- rose [rouz] 「로우즈」 : 장미

[θ] 「ㅆ(쓰), ㄷ(드)」

[θ]음도 우리말에는 없는 음이니 유의하기 바란다. 혀 끝을 살짝 물면서 「ㅆ(쓰), ㄷ(드)」로 발음하면 [θ]음이 나온다. 무성음이다. [s]음 [z]음과 혼동하지 말 것.

🔍 보기
- thank [θǽŋk] 「쌩크」 : 감사하다
- mouth [mauθ] 「마우쓰」 : 입

[ð] 「ㄷ(드)」

[ð]음은 [θ]음의 흐린음이다. 물론 [θ]음과 같은 방식으로 혀 끝을 살짝 물면서 「쓰」하면 「드」에 가까운 소리가 난다.

🔍 보기
- this [ðís] 「디스」 : 이것
- mother [mʌðər] 「머더」 : 어머니

[ʃ] 「쉬. 시」

[s]음이나 [z]음을 말할 때보다 혀 끝을 더 높이고 약간 내밀면서 「쉬」하면서 「시」에 가까운 소리가 난다. 무성음이다.
[f]를 발음하는 식으로 하면 된다. 유성음이다.

🔍 보기
- she [ʃíː] 「쉬ㅡ(시ㅡ)」 : 그여자
- sheet [ʃíːt] 「쉬ㅡ(시)트」 : 종이

[ʒ] 「쥐(지)」 [ʃ]의 흐린 음으로 발음 요령 역시 [ʃ]와 같다. 다만 소리를 내면서 「쥐(지)」에 가까운 음을 낸다. 무성음이다.

🔍**보기**
- rouge [rúːʒ] 「루-쥐」 : 연지
- pleasure [pléʒər] 「플레저」 : 즐거움

[tʃ] 「ㅊ(츠)」 [t]와 [ʃ]가 합친 음으로 「취」 「치」에 가까운 「ㅊ」음으로 보면 된다. 무성음이다.

🔍**보기**
- chair [tʃɛ́ər] 「체어」 : 의자
- church [tʃə́ːrtʃ] 「처-치」 : 교회

[ʤ] 「ㅈ(즈,지)」 [d]와 [ʒ]가 합친 음으로 [tʃ]의 흐린 소리를 보면 된다. 앞의 [tʃ]음은 목에서 안 나는 입김인데 반해, [ʤ]음은 목에서 소리가 난다.

🔍**보기**
- just [ʤʌ́st] 「저스트」 : 꼭, 반드시
- bridge [bríʤ] 「브릿지」: 다리

[h] 「ㅎ(흐)」 성대를 열고 자유롭게 입속을 지나가도록 발음하는 무성음이다. 다시 말하면 우리말 「하」에서 「ㅏ」, 「흐」에서 「ㅡ」를 뺀 「ㅎ」음이라고 보면 된다.

🔍**보기**
- hand [hǽnd] 「핸드」 : 손
- house [haus] 「하우스」 : 집

[l] 「ㄹ(을)」 혀끝을 윗잇몸에 댄 채로 혀에는 힘을 넣지 않고 내는 유성음. 즉, 우리말 「을」에 가까운 소리로 「으」를 뺀 「ㄹ」음 쯤으로 보면 된다.

🔍**보기**
- ball [bɔ́ːl] 「볼-」 : 공
- love [lʌv] 「러브」 : 사랑

[r] 「ㄹ(르)」 혀끝을 윗잇몸에 달락말락하게 하고, 혀끝과 윗니 뿌리 사이로부터 내보내는 유성음이다. 즉, 우리말 「라, 르」에서 「ㅏ」「ㅡ」를 뺀 「ㄹ」음에 가까운 음이라고 생각하면 된다. 특히 [l]음과 혼동하지 않도록 한다.

🔍보기
- red [red] 「레드」 : 빨간
- bread [bred] 「브레드」 : 빵

[j] 「의(이.으)」 혓바닥을 입천장 가까이까지 올리고, 짧게 「이」하면 「이.으」가 합친 음같은 소리가 나는데, 이것이 바로 「j」음이다. 다시 말하면 「우」라고 발음하고 그 입 모양을 그대로 두고 「이」하면 된다.

🔍보기
- yes [jes] 「예스」 : 예(네)
- you [juː] 「유―」 : 당신

[w] 「우」 두 입술에 힘을 넣어 둥글게 하여 내밀고 혀 뒤를 입천정으로 올리면서 그 사이로부터 세게 「우」하면 된다.

🔍보기
- wood [wud] 「우드」 : 나무, 숲
- watch [wɑ́tʃ] 「왓치」 : 시계

[m] 「ㅁ(음.므)」 우리글의 「ㅁ」과 같은 음으로, 두 입술을 다물면서 내는 유성음이다.

🔍보기
- milk [milk] 「밀크」 : 우유
- my [mai] 「마이」 : 나의

[n] 「ㄴ(느.은)」 우리글의 「ㄴ」과 같은 음으로, 혀 끝을 윗잇몸에 단단히 붙였다가 떼며 내는 소리이며 유성음이다.

🔍보기
- now [nau] 「나우」 : 지금
- sun [sʌ́n] 「썬」 : 태양

[íŋ] 「ㅇ(응)」

우리 글의 「ㅇ」과 같은 음이다. 혀의 뒷부분을 입천장 뒤에 붙여서 내는 유성음이다.

🔍보기
- sing [síŋ] 「씽」 : 노래 부르다
- king [kíŋ] 「킹」 : 왕

[ts] 「ㅆ(쓰)」

[t]와 [s]가 합친 음으로, 「ㅊ(츠)」에 가까운 「ㅆ(쓰)」 소리다. [ts]와 혼동되지 않도록 주의하며 유성음이다.

🔍보기
- hats [hæts] 「햇츠」 : 모자들
- cats [kæts] 「캣츠」 : 고양이들

[dz] 「ㅈ(즈)」

[ts]의 흐린 음으로 [d]와 [z]가 합친 음이다. 혀끝을 윗니 뿌리에 대고 [d]음이 섞이도록 하면서 「ㅈ(즈)」하면 된다. 유성음이다.

🔍보기
- beds [bedz] 「베즈」 : 침대들
- hands [hændz] 「핸즈」 : 손들

[hw] 「후」

[hw]음은 미국식 발음으로 [h]와 [w]음이 합친 음이다. 영국에서는 그냥 [w] 「우」라고 발음한다.

🔍보기
- what [hwat] 「홧」 : 무엇 (미국식) *영국에서는 「왓」
- where [hwɛər] 「훼어」 : 어디로 (미국식) *영국에서는 「웨어」

알파벳 인쇄체 읽고 쓰기	대문자	A	B	C	D	E	F	G	H	I	J	K
	소문자	a	b	c	d	e	f	g	h	i	j	k
	발음	에이 [ei]	비- [bi:]	씨- [si:]	디- [di:]	이- [i:]	에프 [ef]	쥐- [dʒi:]	에이치 [eitʃ]	아이 [ai]	제이 [dʒei]	케이 [kei]

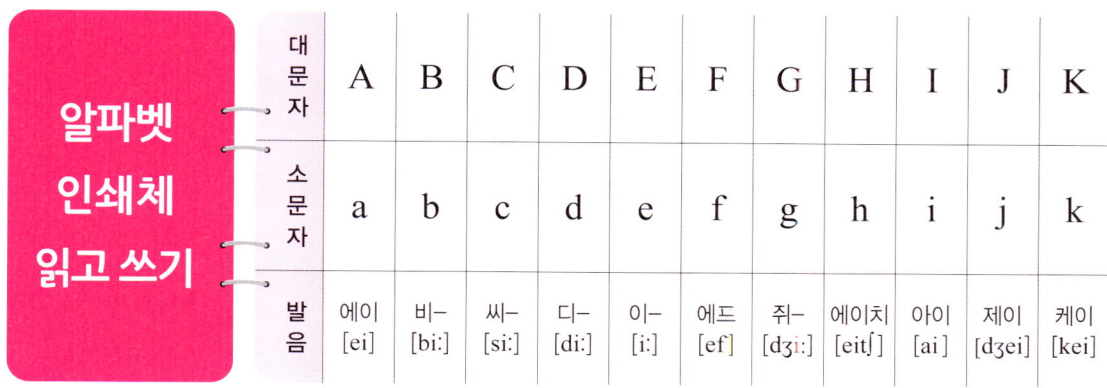

Apple [ǽpl]
애플
사과

에이 [ei]

※ 「에」를 짧고 강하게, 바로 이어서 「이」를 살짝 붙여 「에이」하고 발음하면 된다.

Bus [bʌs]
버스
버스

비- [bi:]

※ 윗입술과 아랫입술을 가볍게 붙였다가 떼면서 동시에 세게 「비」하면 된다.

C c
씨- [si:]

Cat [kæt]
캣
고양이

※ 혀끝을 윗잇몸에 가까이 붙이고서 처음 「씨」를 세게 발음하면서 「쓰이」에 가까운 「씨이」가 된다.

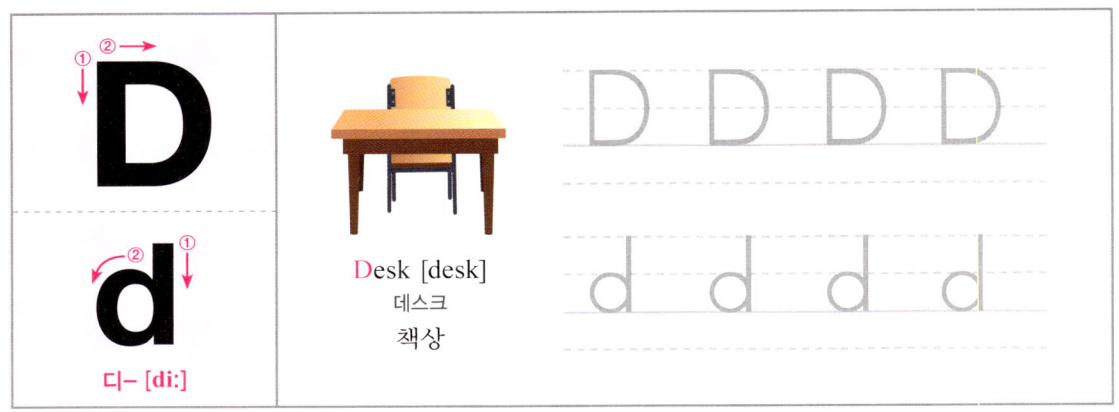

D d
디- [di:]

Desk [desk]
데스크
책상

※ 혀끝을 윗니 뒤에 살짝 붙였다가 떼면서 강하게 「디이」하면 된다.

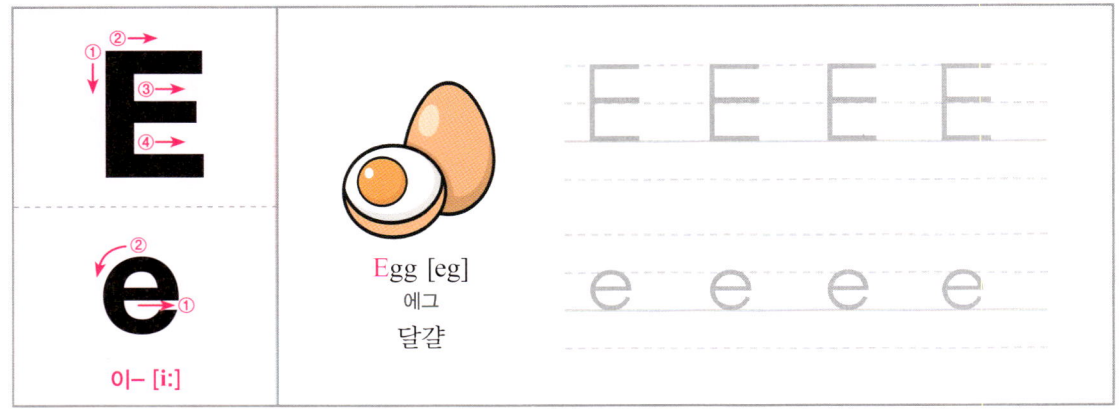

E e
이- [i:]

Egg [eg]
에그
달걀

※ 우리말의 「이」보다 혀의 가운데를 높이올리고 입술을 좌우로 당기면서 길게 「이-」하면된다.

Fish [fiʃ]
피쉬
물고기

에프 [ef]

※ 가볍고 짧게 「에」에 이어, 아랫입술을 윗니로 가볍게 누르고 그 사이로 밀어내듯이 「프(흐)」하면서 「흐」에 가까운 소리가 난다. *우리에게 없는 음이니 주의하기 바란다..

Girl [gə:rl]
걸-
소녀

쥐- [dʒi:]

※ 혀를 입천정에 넓게 붙이려고 애쓰면서 입술을 조금 앞으로 내밀고 길게 「쥐이」에 가깝게 「지-」하고 발음하면 된다.

Hen [hen]
헨
암탉

에이취 [eitʃ]

※ 「에」는 세게, 「이취」는 약하게, 「에」뒤에 가볍게 붙인다. 여기서 「취」는 「츠」에 ㄱ-까운 음이니 주의하기 바란다.

Ink [iŋk]
잉크
잉크

아이 [ai]

※ 「아」는 세게, 「이」는 약하게 「아」뒤에 가볍게 붙인다. 우리 말의 「아이」와 같은 발음이다.

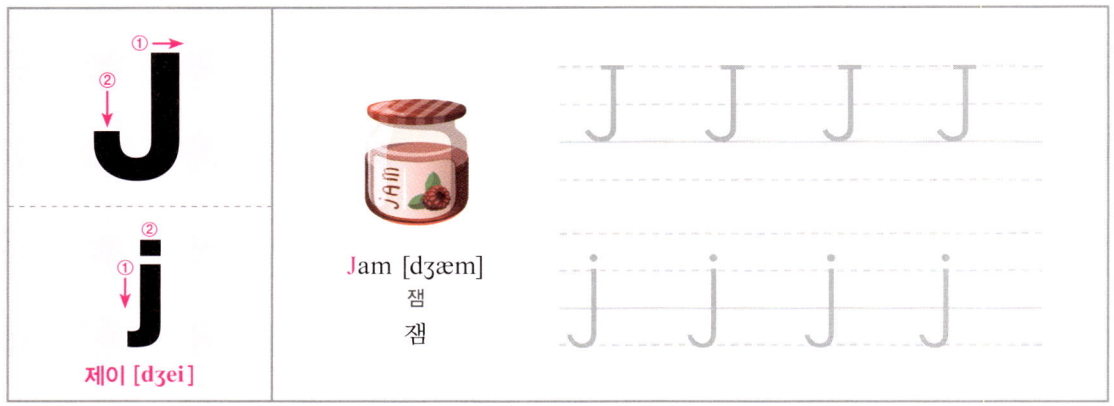

Jam [dʒæm]
잼
잼

제이 [dʒei]

※ 「제」를 세게, 「이」는 약하게 「제」뒤에 가볍게 붙여 발음한다.

king [kiŋ]
킹
킹

케이 [kei]

※ 「케」를 강하고 짧게, 「이」는 약하게 「케」 뒤에 가볍게 붙여 발음한다.

	대문자	L	M	N	O	P	Q	R	S	T	U	V
알파벳 인쇄체 읽고 쓰기	소문자	l	m	n	o	p	q	r	s	t	u	v
	발음	엘 [el]	엠 [em]	엔 [en]	오우 [ou]	피— [pi:]	큐— [kju:]	아알 [ː(r)]	에스 [es]	티— [ti:]	유— [ju:]	비— [vi:]

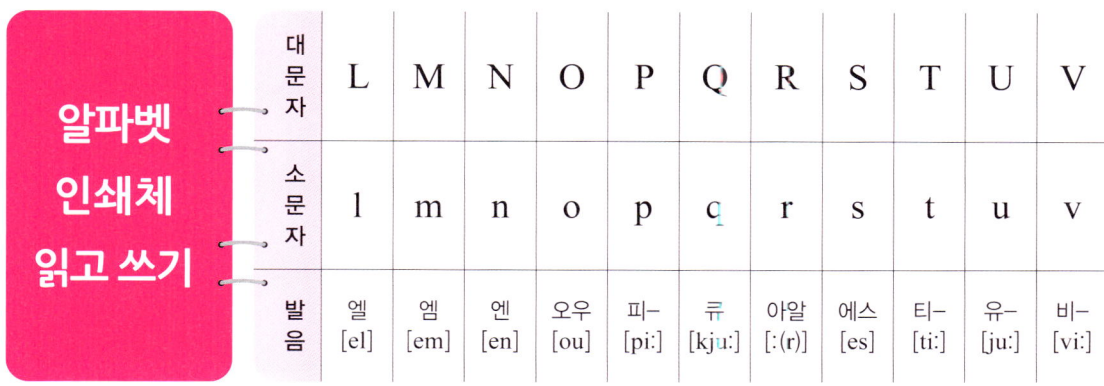

Lion [[láiən]
라이언
사자

L
l
엘 [el]

※ 대체적으로 우리말의 「엘」을 발음하듯이 혀끝을 굴리며 발음하면 된다.

Monkey [mΛŋki]
멍키
원숭이

M
m
엠 [em]

※ 「에」를 세게, 「ㅁ」은 입을 다물고 코로 소리를 내듯 동시에 「엠」하면 된다.

Nurse [nəːrs]
널-스
간호사

※ 앞의 M과 같이, 우리말의 「엔」을 발음하듯이 「엔」을 발음하듯이 「엔」하고 발음하면 된다.

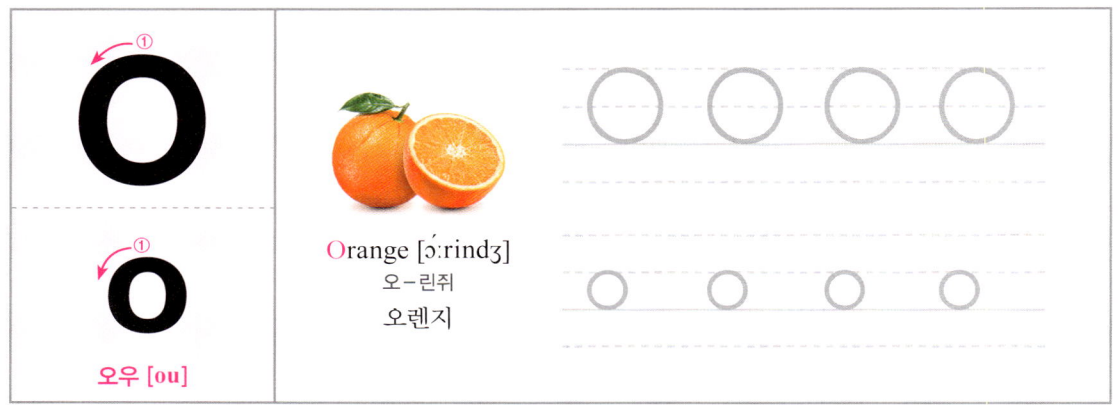

Orange [ɔ́ːrindʒ]
오-린쥐
오렌지

※ 「오」를 세게 발음하고, 「우」를 「오」 뒤에 가볍게 붙여 「오우」라고 발음한다.

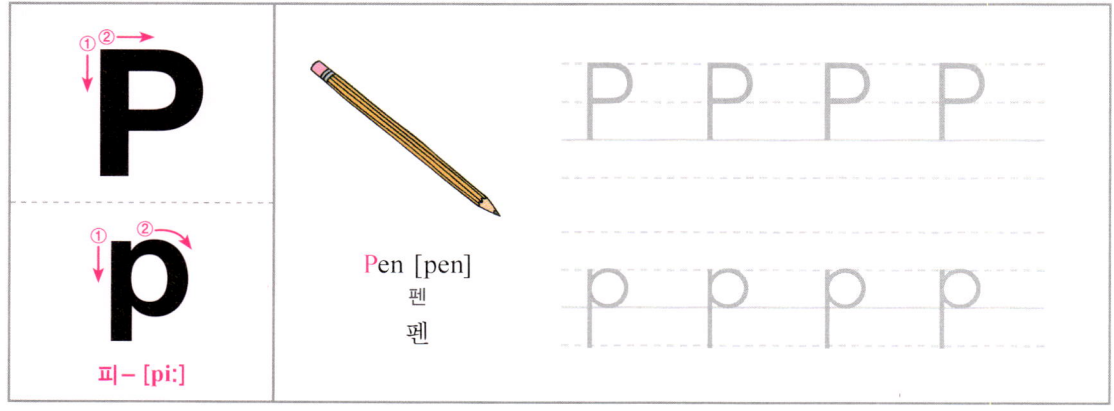

Pen [pen]
펜
펜

※ 다물었던 양 입술을 터트리며 동시에 좀 길게 「피-」하면 된다.

Queen [kwi:n]
퀸-
여왕

큐- [kju:]

※ 대체적으로 우리말의 「큐우」를 발음하는 것처럼 발음하면 된다.

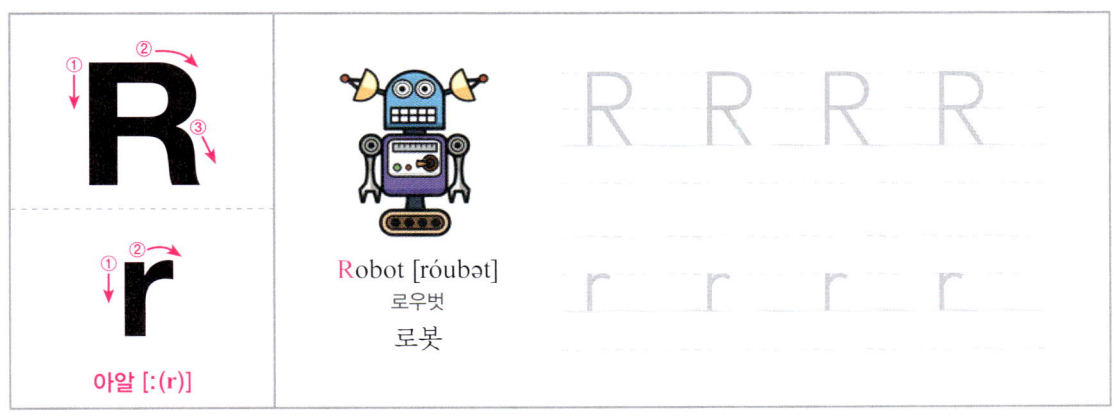

Robot [róubət]
로우벗
로봇

아알 [:(r)]

※ 입을 크게 벌리고서 「아-」하고 길게 발음하면서 혀를 안으로 꼬부리며 살짝 「ㄹ」음을 낸다.

Skirt [skə:rt]
스커-트
치마

에스 [es]

※ 「에」와 「스」를 한꺼번에 발음하되, 「에」를 조금 세게 발음하면 된다.

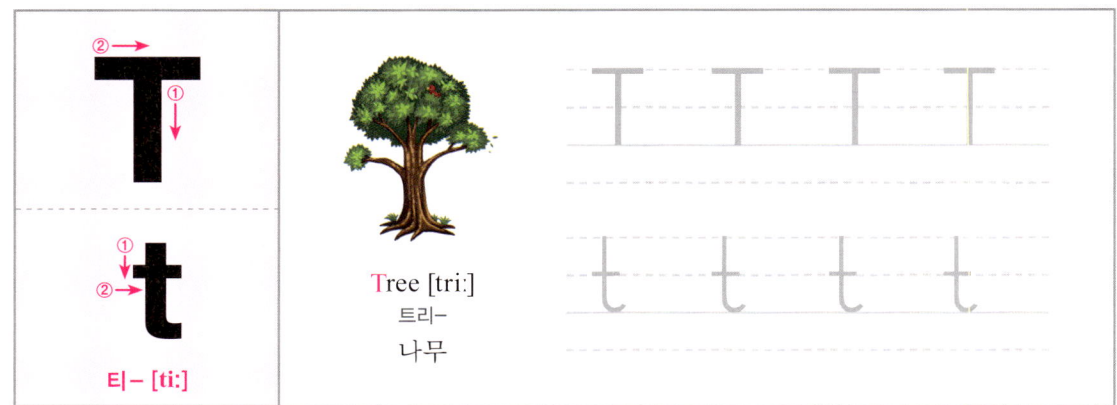

티 – [ti:]

Tree [tri:]
트리－
나무

※ 앞의 「D」의 발음 요령과 비슷하다. 단 「티」를 강하게, 그리고 「이」를 약하게 발음하면 된다.

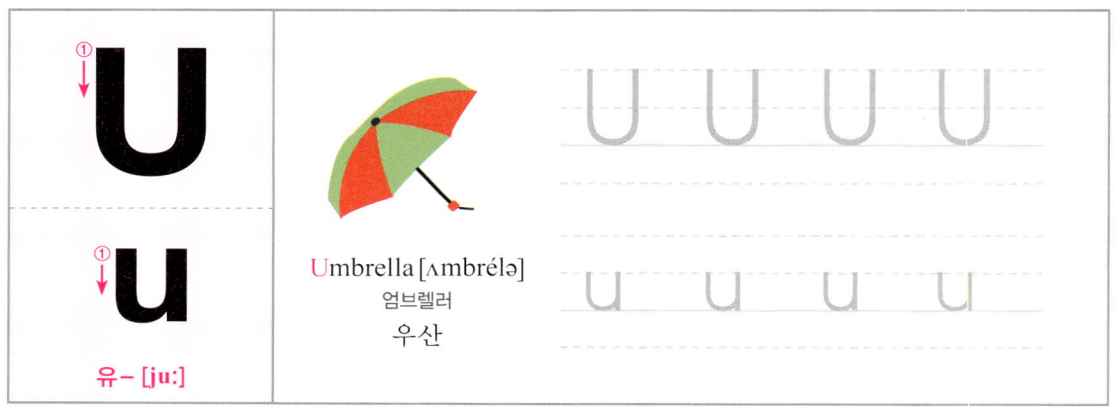

유 – [ju:]

Umbrella [ʌmbrélə]
엄브렐러
우산

※ 입술을 동그랗게 해서 내밀고 「유」와 「우」를 동시에 「유우」하고 발음하면 된다.

뷔 – [vi:]

Violin [vàiəlín]
바이얼린
바이올린

※ 윗니 끝을 아랫입술에 가볍게 대고 「브이」하면 「뷔」에 가까운 소리가 난다. B「비」와 혼동하지 말것.

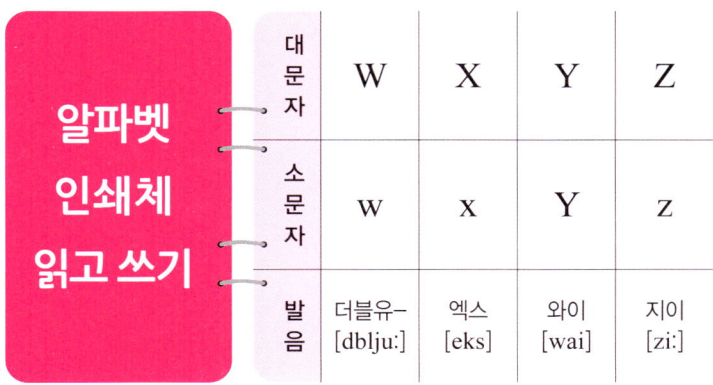

대문자	W	X	Y	Z
소문자	w	x	Y	z
발음	더블유— [dblju:]	엑스 [eks]	와이 [wai]	지이 [zi:]

알파벳 인쇄체 읽고 쓰기

Watch [watʃ]
와치
시계

더블유— [dʌbljù:]

※「더」를 세게, 이어서「블유」를 가볍게 붙여 발음하면 된다.

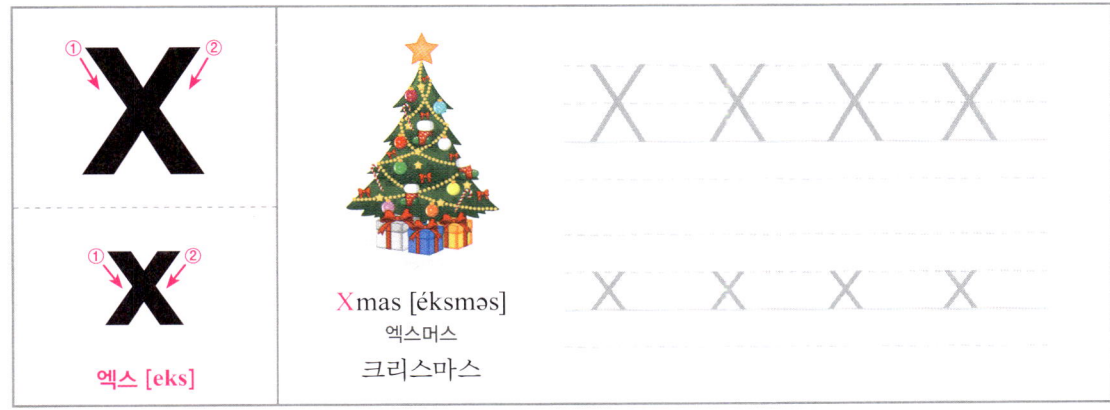

Xmas [éksməs]
엑스머스
크리스마스

엑스 [eks]

※「엑」을 세게 발음하고,「스」를「엑」뒤에 가볍게 붙여 발음하면 된다.

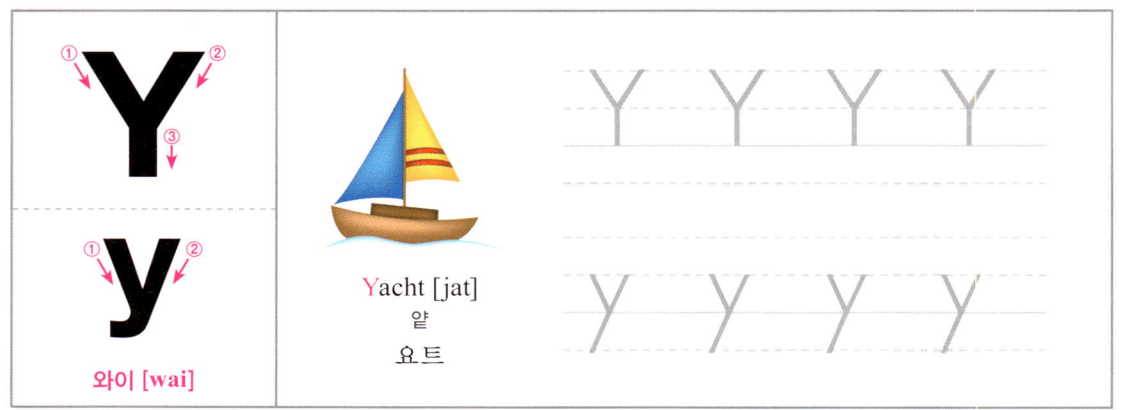

Yacht [jat]
얕
요트

※ 우리말의 「와」보다 입술을 더 둥글게 오무려서 내밀고 「와」를 세게, 이어서 「이」를 「와」 뒤에 가볍게 붙인다.

Zoo [zuː]
주-
동물원

와이 [wai]

지- [ziː]

※ 영국에서는 「젯」으로 발음한다. 그러나 미국에서는 「즈이」또는 「지이」로 발음한다.

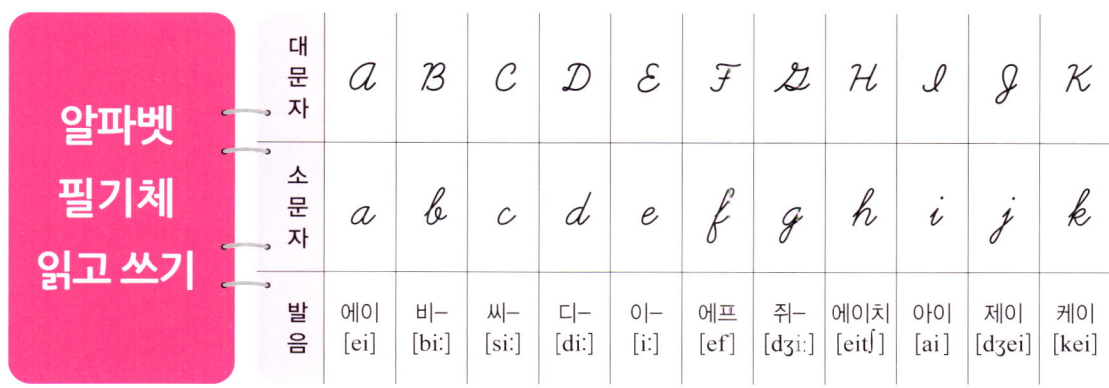

	대문자	*a*	*B*	*C*	*D*	*E*	*F*	*G*	*H*	*I*	*J*	*K*
알파벳 필기체 읽고 쓰기	소문자	*a*	*b*	*c*	*d*	*e*	*f*	*g*	*h*	*i*	*j*	*k*
	발음	에이 [ei]	비ー [biː]	씨ー [siː]	디ー [diː]	이ー [iː]	에프 [ef]	쥐ー [dʒiː]	에이치 [eitʃ]	아이 [ai]	제이 [dʒei]	케이 [kei]

Airplane [erplein]
에어플레인
비행기

에이 [ei]

※ 「에」를 짧고 강하게, 바로 이어서 「이」를 살짝 붙여 「에이」하고 발음하면 된다.

Banana [bənǽnə]
버내너
바나나

비ー [biː]

※ 윗입술과 아랫입술을 가볍게 붙였다가 떼면서 동시에 세게 「비」하면 된다.

33

Cake [keik]
케잌
케이크

※ 혀 끝을 윗잇몸에 가까이 붙이고서 처음 「씨」를 세게 발음하면서 「쓰이」에 가까운 「씨이」가 된다.

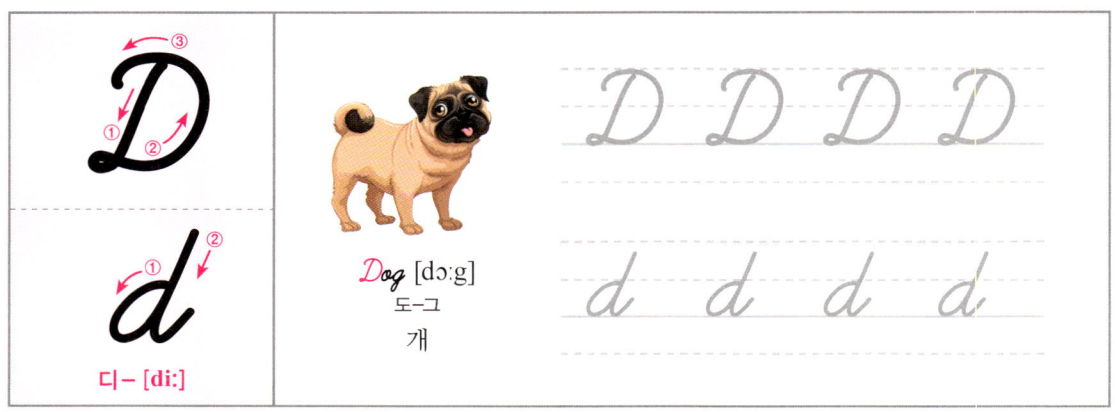

Dog [dɔːg]
도-그
개

※ 혀 끝을 윗니 뒤에 살짝 붙였다가 떼면서 강하게 「디이」하면 된다.

Elephant [éləfənt]
엘러펀트
코끼리

※ 우리말의 「이」보다 혀의 가운데를 높이올리고 입술을 좌우로 당기면서 길게 「이—」하면된다.

Frog [frɔːg]
포로-그
개구리

※ 가볍고 짧게 「에」에 이어, 아랫입술을 윗니로 가볍게 누르고 그 사이로 밀어내듯이 「프(흐)」하면서 「흐」에 가까운 소리가 난다. *우리에게 없는 음이니 주의하기 바란다.

Grape [greip]
그레이프
포도

※ 혀를 입천정에 넓게 붙이려고 애쓰면서 입술을 조금 앞으로 내밀고 길게 「쥐이」에 가깝게 「지ー」하고 발음하면 된다.

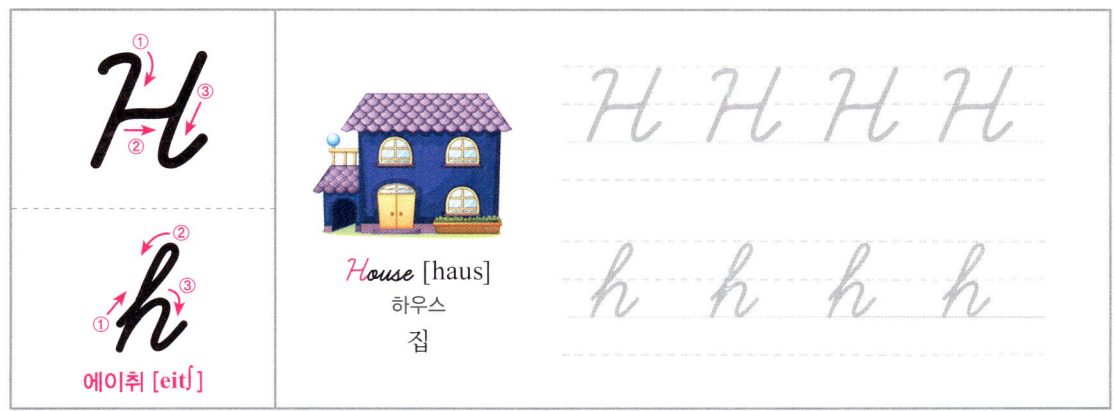

House [haus]
하우스
집

※ 「에」는 세게, 「이취」는 약하게, 「에」뒤에 가볍게 붙인다. 여기서 「취」는 「츠」에 가까운 음이니 주의하기 바란다.

아이 [ai]

Ice cream
[ais kri:m]
아이스크림–
아이스크림

※ 「아」는 세게, 「이」는 약하게 「아」뒤에 가볍게 붙인다. 우리 말의 「아이」와 같은 발음이다.

제이 [dʒei]

Jacket [dʒækit]
재킷
재킷

※ 「제」를 세게, 「이」는 약하게 「제」뒤에 가볍게 붙여 발음한다.

케이 [kei]

Key [ki:]
키–
열쇠

※ 「케」를 강하고 짧게, 「이」는 약하게 「케」 뒤에 가볍게 붙여 발음한다.

대문자	$\mathcal{L}$	$\mathcal{M}$	$\mathcal{N}$	$\mathcal{O}$	$\mathcal{P}$	$\mathcal{Q}$	$\mathcal{R}$	$\mathcal{S}$	$\mathcal{T}$	$\mathcal{U}$	$\mathcal{V}$
소문자	l	m	n	o	p	q	r	s	t	u	v
발음	엘 [el]	엠 [em]	엔 [en]	오우 [ou]	피– [pi:]	큐– [kju:]	아알 [:(r)]	에스 [es]	티– [ti:]	유– [ju:]	비– [vi:]

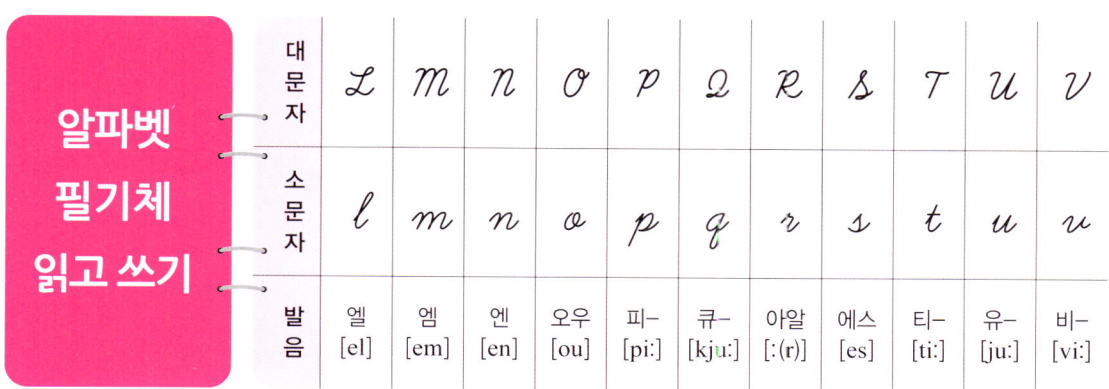

Lamp [læmp]
램프
램프

※ 대체적으로 우리말의 「엘」을 발음하듯이 혀끝을 굴리며 발음하면 된다.

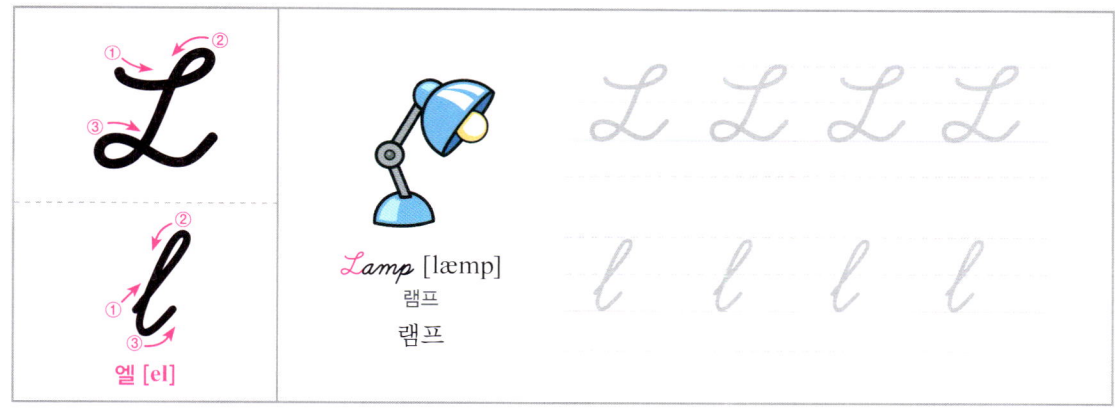

Mouse [maus]
마우스
쥐

※ 「에」를 세게, 「ㅁ」은 입을 다물고 코로 소리를 내듯 동시에 「엠」하면 된다.

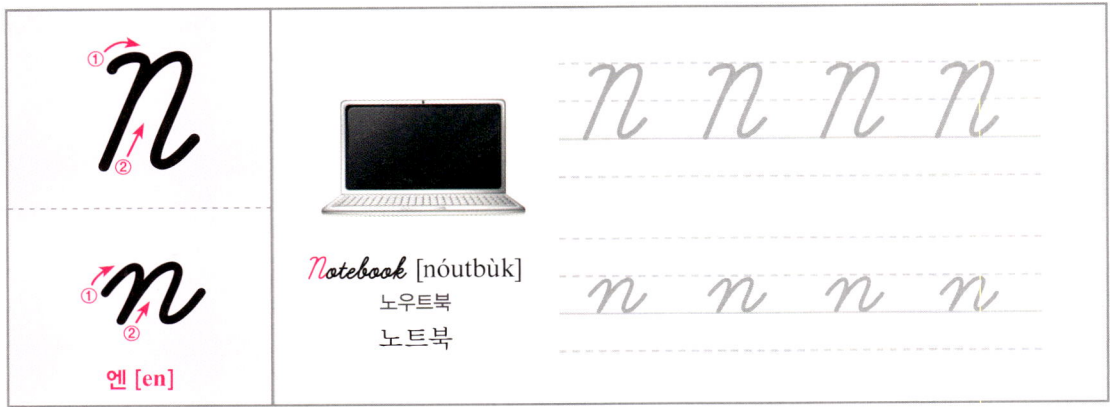

엔 [en]

Notebook [nóutbùk]
노우트북
노트북

※ 앞의 M과 같이, 우리말의 「엔」을 발음하듯이 「엔」을 발음하듯이 「엔」하고 발음하면 된다.

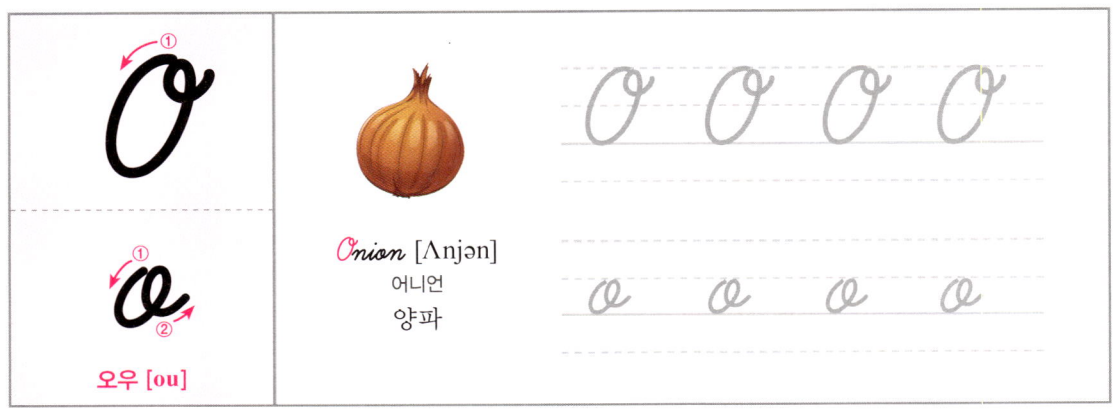

오우 [ou]

Onion [ʌnjən]
어니언
양파

※ 「오」를 세게 발음하고, 「우」를 「오」뒤에 가볍게 붙여 「오우」 하고 발음한다.

피- [pi:]

Pig [pig]
피그
돼지

※ 다물었던 양 입술을 터트리며 동시에 좀 길게 「피-」하면 된다.

Query [kwíəri]
퀴어리
질문하다

※ 대체적으로 우리말의 「큐우」를 발음하는 것처럼 발음하면 된다.

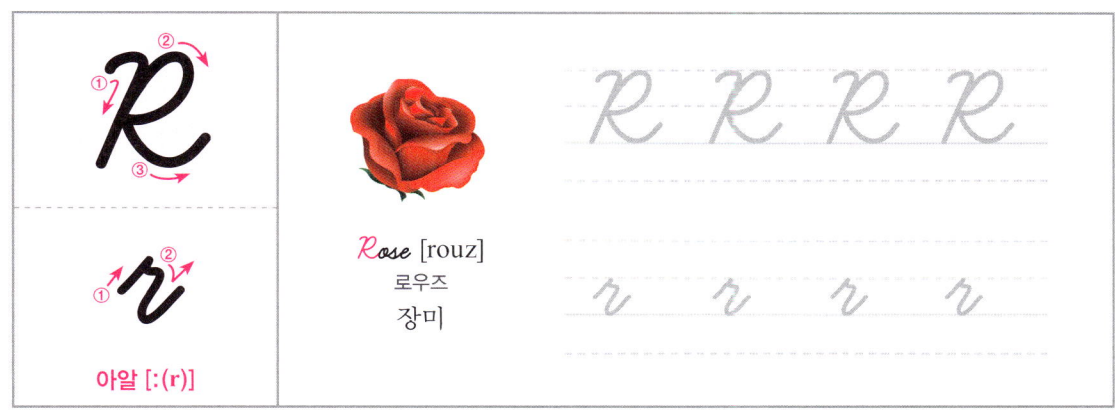

Rose [rouz]
로우즈
장미

※ 입을 크게 벌리고서 「아-」하고 길게 발음하면서 혀를 안으로 꼬부리며 살짝 「ㄹ」음을 낸다.

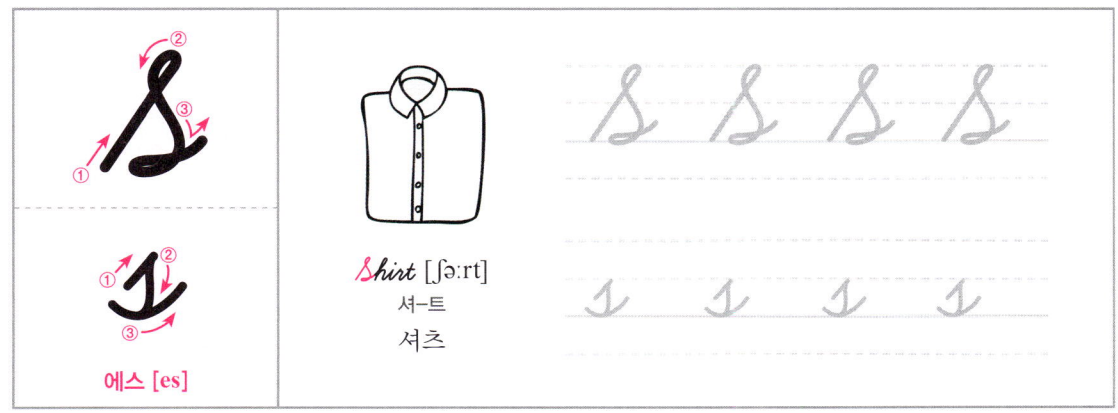

Shirt [ʃəːrt]
셔-트
셔츠

※ 「에」와 「스」를 한꺼번에 발음하되, 「에」를 조금 세게 발음하면 된다.

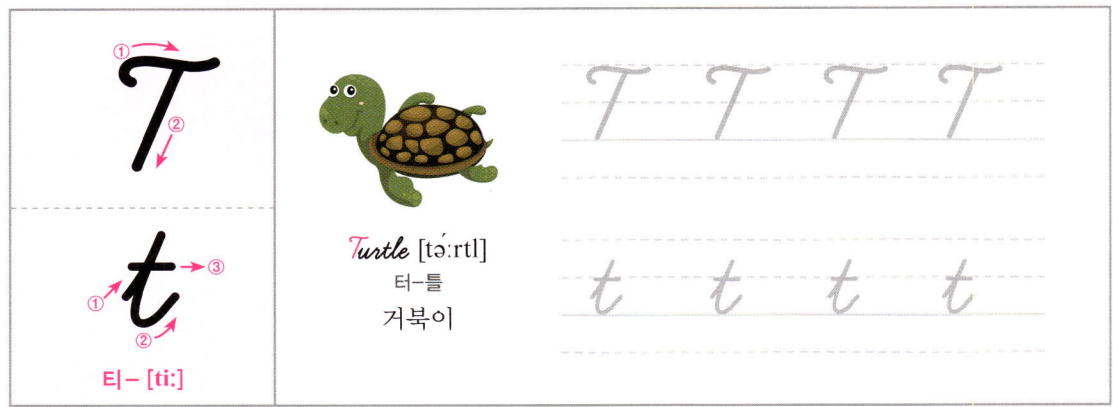

Turtle [tə́:rtl]
터-틀
거북이

티 - [ti:]

※ 앞의 「D」의 발음 요령과 비슷하다. 단 「티」를 강하게, 그리고 「이」를 약하게 발음하면 된다.

Unicycle
[júːnisàikl]
유-니사이클
외바퀴 자전거

유 - [ju:]

※ 입술을 동그랗게 해서 내밀고 「유」와 「우」를 동시에 「유우」하고 발음하면 된다.

Vase [veis]
베이스
꽃병

뷔 - [vi:]

※ 윗니 끝을 아랫입술에 가볍게 대고 「브이」하면 「뷔」에 가까운 소리가 난다. B「비」와 혼동하지 말것.

대문자	𝒲	𝒳	𝒴	𝒵
소문자	𝓌	𝓍	𝓎	𝓏
발음	더블유– [dblju:]	엑스 [eks]	와이 [wai]	지– [zi:]

알파벳
필기체
읽고 쓰기

더블유– [dʌ́bljùː]

Watermelon
[wɔ́ːtərmelən]
워–터멜런
수박

※ 「더」를 세게, 이어서 「블유」를 가볍게 붙여 발음하면 된다.

엑스 [eks]

Xylophone
[záiləfòun]
자이러포운
실로폰

※ 「엑」을 세게 발음하고, 「스」를 「엑」 뒤에 가볍게 붙여 발음하면 된다.

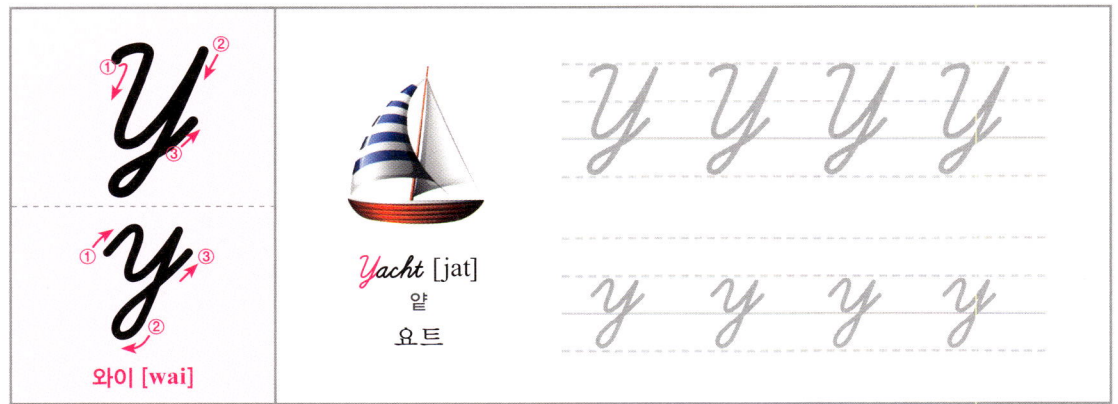

Yacht [jat]
얕
요트

와이 [wai]

※ 우리말의 「와」보다 입술을 더 둥글게 오무려서 내밀고 「와」를 세게, 이어서 「이」를 「와」 뒤에 가볍게 붙인다.

Zebra [zíːbrə]
지-브러
얼룩말

지- [ziː]

※ 영국에서는 「젯」으로 발음한다. 그러나 미국에서는 「즈이」또는 「지이」로 발음한다.

알파벳 인쇄체 따라쓰기 연습(대문자)

● A~K 따라쓰기

A B C D E F G H I J K

A B C D E F G H I J K

A B C D E F G H I J K

A B C D E F G H I J K

● L~V 따라쓰기

L M N O P Q R S T U V

L M N O P Q R S T U V

L M N O P Q R S T U V

L M N O P Q R S T U V

● W~Z 따라쓰기

W X Y Z

W X Y Z

W X Y Z

W X Y Z

알파벳 인쇄체 따라쓰기 연습(소문자)

● a~k 따라쓰기

a b c d e f g h i j k

a b c d e f g h i j k

a b c d e f g h i j k

a b c d e f g h i j k

● l~v 따라쓰기

l m n o p q r s t u v

l m n o p q r s t u v

l m n o p q r s t u v

l m n o p q r s t u v

● w~z 따라쓰기

w x y z

w x y z

w x y z

w x y z

알파벳 필기체 따라쓰기 연습(대문자)

● *a~K* 따라쓰기

A B C D E F G H I J K

A B C D E F G H I J K

A B C D E F G H I J K

A B C D E F G H I J K

● *L~V* 따라쓰기

L M N O P Q R S T U V

L M N O P Q R S T U V

L M N O P Q R S T U V

L M N O P Q R S T U V

● *W ~ Z* 따라쓰기

W X Y Z

W X Y Z

W X Y Z

W X Y Z

알파벳 필기체 따라쓰기 연습 (소문자)

● *a~k* 따라쓰기

$$a \quad b \quad c \quad d \quad e \quad f \quad g \quad h \quad i \quad j \quad k$$

$$a \quad b \quad c \quad d \quad e \quad f \quad g \quad h \quad i \quad j \quad k$$

$$a \quad b \quad c \quad d \quad e \quad f \quad g \quad h \quad i \quad j \quad k$$

$$a \quad b \quad c \quad d \quad e \quad f \quad g \quad h \quad i \quad j \quad k$$

● *l~u* 따라쓰기

$$l \quad m \quad n \quad o \quad p \quad q \quad r \quad s \quad t \quad u \quad v$$

$$l \quad m \quad n \quad o \quad p \quad q \quad r \quad s \quad t \quad u \quad v$$

l m n o p q r s t u v

l m n o p q r s t u v

● *w ~ z* 따라쓰기

w x y z

w x y z

w x y z

w x y z

알파벳 이어쓰기 연습(대문자)

● A~Z 이어쓰기

A B C D E F G H I

J K L M N O P Q R

S T U V W X Y Z

A B C D E F G H I

J K L M N O P Q R

S T U V W X Y Z

A B C D E F G H I

J K L M N O P Q R

S T U V W X Y Z

● a~z 이어쓰기

a b c d e f g h i

j k l m n o p q r

s t u v w x y z

a b c d e f g h i

j k l m n o p q r

s t u v w x y z

a b c d e f g h i

j k l m n o p q r

s t u v w x y z

● 𝒶~𝓏 이어쓰기

𝒜 ℬ 𝒞 𝒟 ℰ ℱ 𝒢 ℋ ℐ

𝒥 𝒦 ℒ ℳ 𝒩 𝒪 𝒫 𝒬 ℛ

𝒮 𝒯 𝒰 𝒱 𝒲 𝒳 𝒴 𝒵

𝒜 ℬ 𝒞 𝒟 ℰ ℱ 𝒢 ℋ ℐ

𝒥 𝒦 ℒ ℳ 𝒩 𝒪 𝒫 𝒬 ℛ

𝒮 𝒯 𝒰 𝒱 𝒲 𝒳 𝒴 𝒵

A B C D E F G H I

J K L M N O P Q R

S T U V W X Y Z

알파벳 필기체 이어쓰기 연습(소문자)

● *a~z* 이어쓰기

a　b　c　d　e　f　g　h　i

j　k　l　m　n　o　p　q　r

s　t　u　v　w　x　y　z

a　b　c　d　e　f　g　h　i

j　k　l　m　n　o　p　q　r

s　t　u　v　w　x　y　z

a b c d e f g h i

j k l m n o p q r

s t u v w x y z

알파벳 필기체 대소문자 혼합쓰기 연습

● a~z 이어쓰기

Aa Bb Cc Dd Ee Ff Gg

Hh Ii Jj Kk Ll Mm Nn

Oo Pp Qq Rr Ss Tt Uu

Vv Ww Xx Yy Zz

Aa Bb Cc Dd Ee Ff Gg

Hh Ii Jj Kk Ll Mm Nn

Oo Pp Qq Rr Ss Tt Uu

Vv Ww Xx Yy Zz

재미있는 영단어 게임

A 다음 그림을 보고 단어의 첫 알파벳에 동그라미 하세요.

❶ w i b o
r a n

❷ t r e
e

❸ y o u t
g h r

❹ a z e
r b

B 대문자는 소문자와 소문자는 대문자와 연결한 다음 따라 써 보세요.

C 다음 그림을 보고 빈칸과 단어를 올바르게 연결하세요.

동물 N A I A M L

제2장
명사

rabbit

whelbarrow

교육부
지정

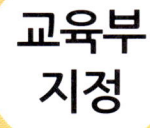

apple

수·숫자·번호

◈ 그림을 보며 단어를 익힌 후, 빈칸에 단어를 따라 써 보세요.

number
[nʌ́mbər] 넘버
명 수, 숫자, 번호

number   number   number

one
[wʌn] 원
명 하나, 1

one   one   one   one

two
[tuː] 투–
명 둘, 2

two   two   two   two

three
[θriː] 스리–
명 셋, 3

three   three   three

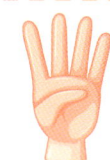

four
[fɔːr] 포–
명 넷, 4

four   four   four   four

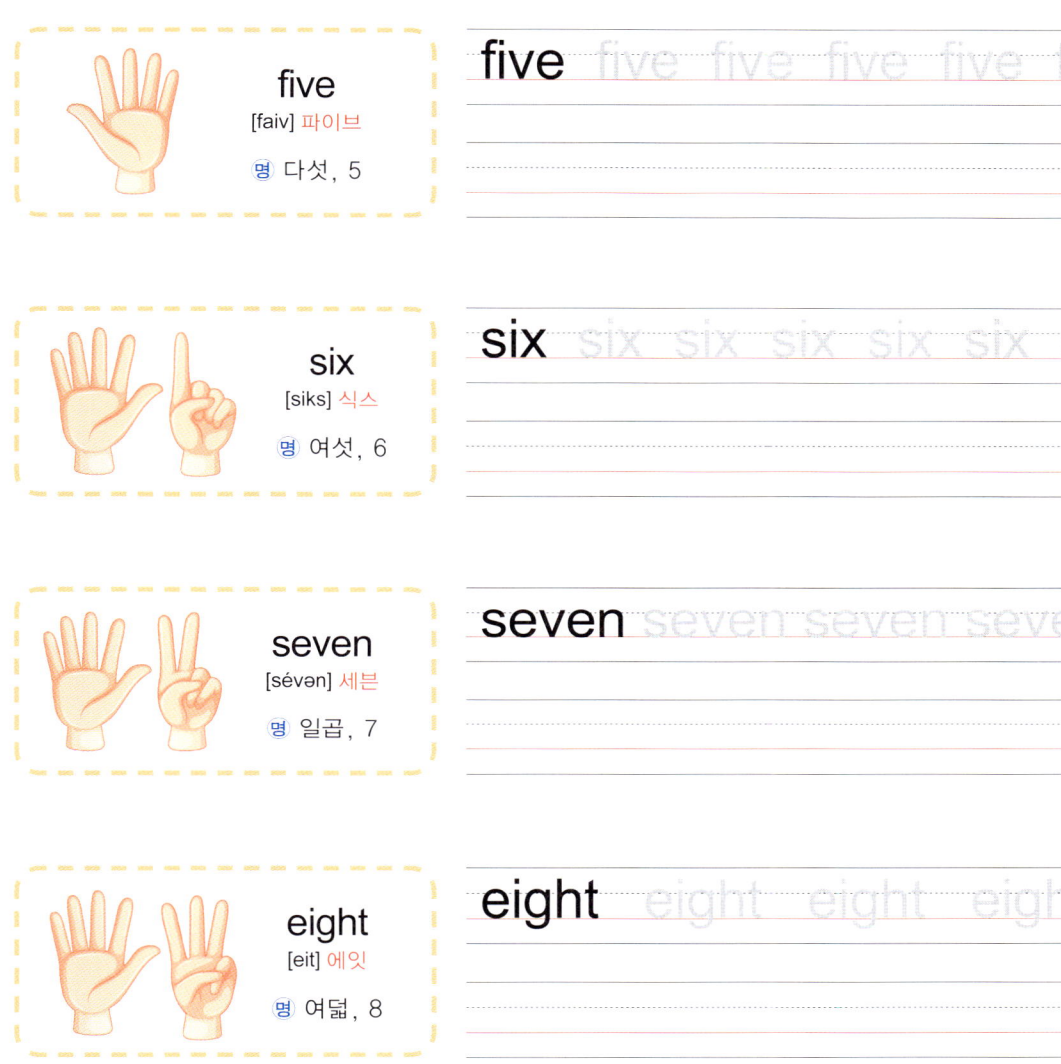

five
[faiv] 파이브
명 다섯, 5

five five five five five five

six
[siks] 식스
명 여섯, 6

six six six six six six six

seven
[sévən] 세븐
명 일곱, 7

seven seven seven seven

eight
[eit] 에잇
명 여덟, 8

eight eight eight eight

nine
[nain] 나인
명 아홉, 9

nine nine nine nine nine

명사

day 02

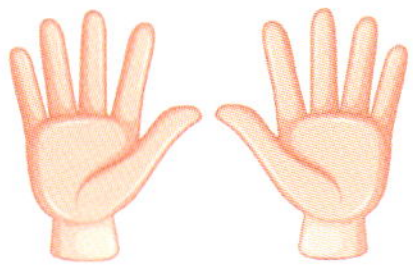

ten
[ten] 텐
명 열, 10

ten ten ten ten ten ten

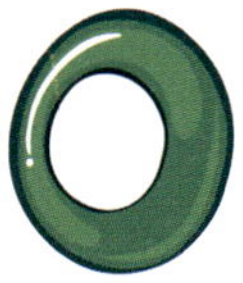

zero
[zí-ərou] 지어로우
명 영, 0

zero zero zero zero

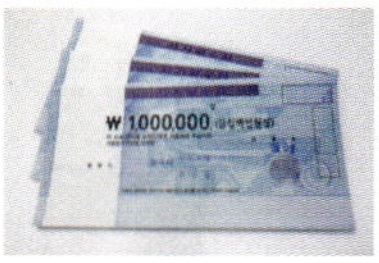

million
[míljən] 밀리언
명 백만

million million million

◈ 앞에서 배운 단어를 생각나는 대로 다시 따라 써 보세요.

◆ 그림을 보며 단어를 익힌 후, 빈칸에 단어를 따라 써 보세요.

season
[síːzn] 씨-즌
명 계절

season　season　season

spring
[spriŋ] 스프링
명 봄, 용수철

spring　spring　spring

summer
[sʌ́mər] 써머
명 여름

summer　summer summer

autumn
[ɔ́ːtəm] 오-텀
명 가을

autumn　autumn　autumn

winter
[wíntər] 윈터
명 겨울

winter　winter winter winter

명사

◆ 그림을 보며 단어를 익힌 후, 빈칸에 단어를 따라 써 보세요. 🎧

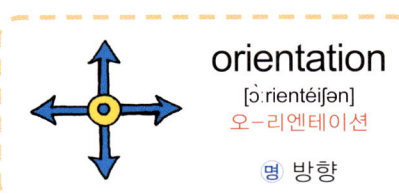

orientation
[ɔ̀:riəntéiʃən]
오-리엔테이션
명 방향

orientation   orientation

east
[i:st] 이-스트
명 동쪽 형 동쪽의

east   east   east   east

west
[west] 웨스트
명 서쪽 형 서쪽의

west   west   west   west

south
[sauθ] 싸우쓰
명 남쪽 형 남향의

south   south   south   south

north
[nɔ:rθ] 노-쓰
명 북쪽 형 북쪽의

north   north   north   north

가족

◆ 그림을 보며 단어를 익힌 후, 빈칸에 단어를 따라 써 보세요.

family
[fǽməli] 패멀리
명 가족

family   family   family

home
[houm] 홈
명 가정

home   home   home   home

parents
[pέərənts] 페어런츠
명 부모

parents   parents   parents

father
[fɑ́ːðər] 파―더
명 아버지

father   father   father   father

mother
[mʌ́ðər] 머더
명 어머니

mother   mother   mother

mom
[mɑːm] 맘-

몡 엄마

mom mom mom mom

dad
[dæd] 대드

몡 아빠

dad dad dad dad dad

grandfather
[grǽndfɑːðər]
그랜드파-더

몡 할아버지

grandfather grandfather

grandmother
[grǽndmʌðər]
그랜드머더

몡 할머니

grandmother grandmother

brother
[brʌ́ðə] 브러더

몡 형, 오빠,
남동생

brother brother brother

sister
[sístər] 씨스터
명 자매, 언니, 여동생

sister　　sister　sister　sister

son
[sʌn] 썬
명 아들

son　　son　　son　　son

daughter
[dɔ́:tər] 도-터
명 딸

daughter　　　daughter

cousin
[kʌ́zn] 커즌
명 사촌

cousin　cousin　cousin

uncle
[ʌ́ŋkl] 엉클
명 백부, 숙부, 아저씨

uncle　uncle　uncle　uncle

aunt
[ænt] 앤트
명 고모, 이모, 숙모

aunt　aunt　aunt　aunt

몸·신체

◈ 그림을 보며 단어를 익힌 후, 빈칸에 단어를 따라 써 보세요. 🎧

health
[helθ] 헬쓰
몡 건강

health · health · health

body
[bɔ́di] 바디
몡 몸

body · body · body · body

head
[hed] 헤드
몡 머리

head · head · head · head

hair
[hεər] 헤어
몡 머리카락

hair · hair · hair · hai · hai

face
[feis] 페이스
몡 얼굴

face · face · face · face

cheek
[ʧiːk] 치-크
명 뺨, 볼

cheek cheek cheek

eye
[ai] 아이
명 눈

eye eye eye eye

nose
[nouz] 노우즈
명 코

nose nose nose

ear
[iər] 이어
명 귀

ear ear ear ear

mouth
[mauθ] 마우쓰
명 입

mouth mouth mouth

tooth
[tuːθ] 투-쓰
명 이, 치아

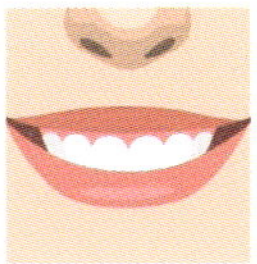

tooth   tooth   tooth   tooth

lip
[lip] 립
명 입술

lip   lip   lip   lip   lip   lip   lip

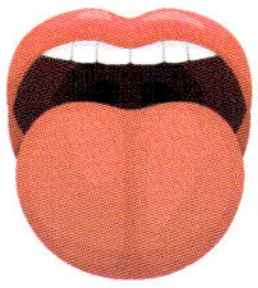

tongue
[tʌŋ] 텅
명 혀, 말

tongue   tongue   tongue

neck
[nek] 넥
명 목

neck   neck   neck   neck

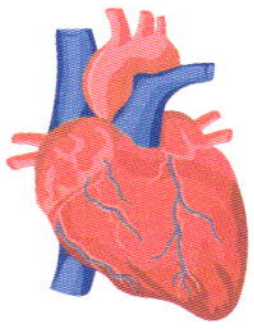

heart
[haːrt] 하-트
명 심장, 마음

heart   heart   heart   heart

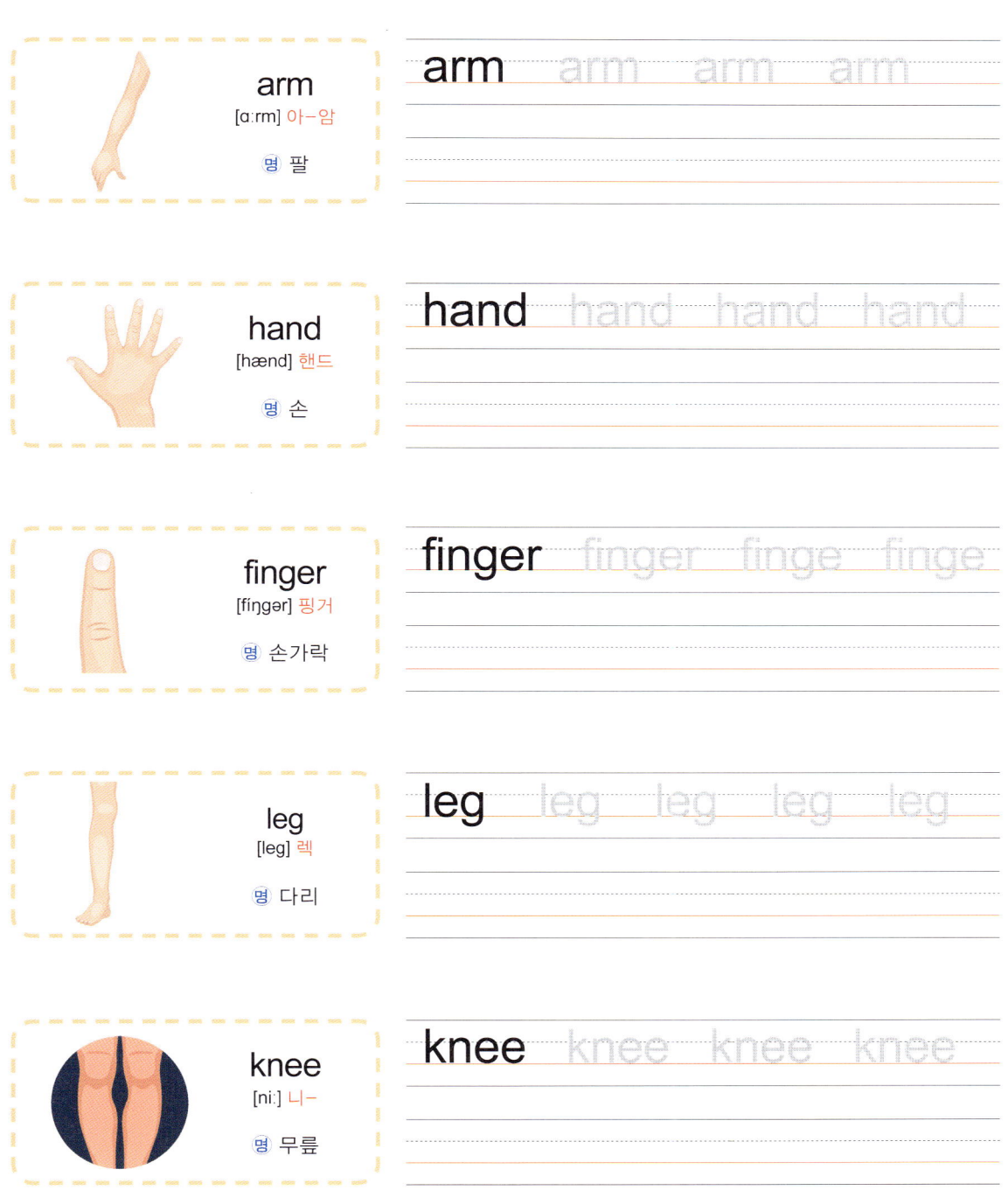

arm
[ɑːrm] 아-암
명 팔

arm   arm   arm   arm

hand
[hænd] 핸드
명 손

hand   hand   hand   hand

finger
[fíŋgər] 핑거
명 손가락

finger   finger   finge   finge

leg
[leg] 렉
명 다리

leg   leg   leg   leg

knee
[niː] 니-
명 무릎

knee   knee   knee   knee

foot
[fut] 풋

명 발

foot   foot   foot   foot

◆ 앞에서 배운 단어를 생각나는 대로 다시 따라 써 보세요.

색깔

◆ 그림을 보며 단어를 익힌 후, 빈칸에 단어를 따라 써 보세요.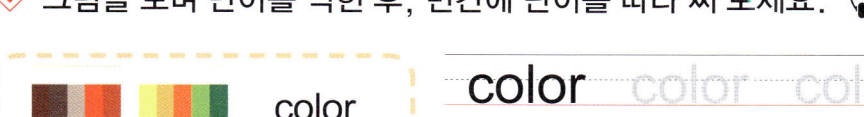

color
[kʌ́lər] 컬러

명 색, 빛깔

color   color   color   color

white
[hwait] 화이트

형 명 흰색의,
하양

white   white   white   white

black
[blæk] 블랙

형 명 검은색의,
검정

black   black   black   black

yellow
[jélou] 옐로우

형 명 노란색의,
노랑

yellow   yellow   yellow

blue
[bluː] 블루-

형 명 파란색의,
파랑

blue   blue   blue   blue

red

[red] 레드

형 명 빨간색의,
빨강

red   red   red   red   red

green

[gri:n] 그린-

형 명 녹색,
녹색의

green   green   green

pink

[piŋk] 핑크

형 명 분홍색의,
분홍

pink   pink   pink   pink

brown

[braun] 브라운

형 명 갈색의,
갈색

brown   brown   brown

gray

[grei] 그레이

형 명 회색,
회색의

gray   gray   gray   gray

gold
[gould] 고울드

명 금, 금빛

gold   gold   gold   gold

silver
[sílvər] 실버

명 은, 은색
형 은색의

silver   silver   silver   silver

◆ 앞에서 배운 단어를 생각나는 대로 다시 따라 써 보세요.

◆ 그림을 보며 단어를 익힌 후, 빈칸에 단어를 따라 써 보세요. 🎧

animal
[ǽnəməl] 애너멀
명 동물
형 동물의

animal animal animal

dog
[dɔːg] 도-그
명 개

dog dog dog dog dog

cat
[kæt] 캣
명 고양이

cat cat cat cat cat

tiger
[táigər] 타이거
명 호랑이

tiger tiger tiger tiger

lion
[láiən] 라이언
명 사자

lion lion lion lion lion

rabbit
[ræbit] 래빗
명 토끼

rabbit   rabbit   rabbit

bear
[bɛər] 베어
명 곰

bear   bear   bear   bear

pig
[pig] 피그
명 돼지

pig   pig   pig   pig

cow
[kau] 카우
명 암소, 젖소

cow   cow   cow   cow

hen
[hen] 헨
명 암탉

hen   hen   hen   hen

deer
[diər] 디어

명 사슴

deer   deer   deer   deer

horse
[hɔːrs] 호−스

명 말, (성장한) 수말

horse   horse   horse   horse

sheep
[ʃːp] 쉬−ㅍ

명 양

sheep   sheep   sheep

duck
[dʌk] 덕

명 오리

duck   duck   duck   duck

mouse
[maus] 마우스

명 쥐, 생쥐

mouse   mouse   mous

fish
[fiʃ] 피쉬

명 물고기

fish   fish   fish   fish   fish

dolphin
[dɑ́lfin] 달핀

명 돌고래

dolphin   dolphin   dolphin

bird
[bəːrd] 버-드

명 새

bird   bird   bird   bird   bird

kite
[kait] 카이트

명 솔개, 연

kite   kite   kite   kite   kite

bug
[bʌg] 버그

명 곤충, 벌레

bug   bug   bug   bug   bug

day 11

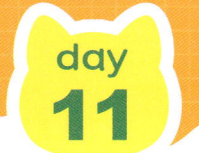

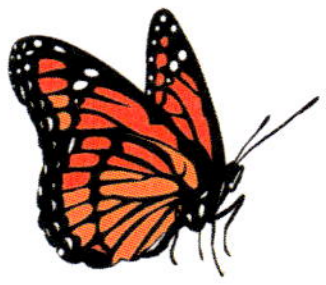

butterfly
[bʌ́tərflài] 버터플라이
명 나비

butterfly butterfly butterfly

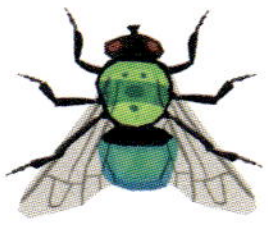

fly
[flai] 플라이
명 파리
자 타 날다

fly fly fly fly

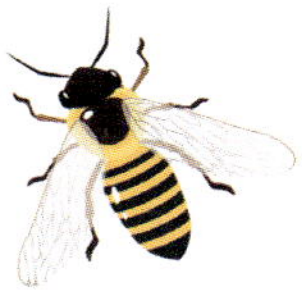

bee
[biː] 비–
명 꿀벌

bee bee bee bee

앞에서 배운 단어를 생각나는 대로 다시 따라 써 보세요.

과일

◆ 그림을 보며 단어를 익힌 후, 빈칸에 단어를 따라 써 보세요.

fruit
[fruːt] 프루ー트

명 과일

fruit ~~fruit~~ ~~fruit~~ ~~fruit~~ ~~fruit~~

apple
[金pl] 애플

명 사과

apple ~~apple~~ ~~apple~~ ~~apple~~

banana
[bənǽnə] 버내너

명 바나나

banana ~~banana~~ ~~banana~~

lemon
[lémən] 레먼

명 레몬

lemon ~~lemon~~ ~~lemon~~

grape
[greip] 그레이프

명 포도

grape ~~grape~~ ~~grape~~ ~~grape~~

명사

peach
[piːtʃ] 피-치

명 복숭아

peach   peach   peach

orange
[ɔ́ːrindʒ] 오-린쥐

명 오렌지

orange   orange   orange

melon
[mèlən] 멜런

명 멜론

melon   melon   melon

pear
[pɛər] 페어

명 배

pear   pear   pear

tomato
[təméitou] 터메이토우

명 토마토

tomato   tomato   tomato

꽃

◆ 그림을 보며 단어를 익힌 후, 빈칸에 단어를 따라 써 보세요. 🎧

flower
[fláuər] 플라우어

명 꽃

flower

tulip
[tjúːlip] 튜ー립

명 튤립

tulip

rose
[rouz] 로우즈

명 장미

rose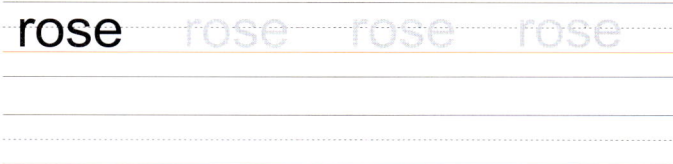

violet
[váiəlit] 바이얼릿

명 제비꽃, 보라색
형 보라빛의

violet violet violet violet

명사

◆ 앞에서 배운 단어를 생각나는 대로 다시 따라 써 보세요.

교통

◆ 그림을 보며 단어를 익힌 후, 빈칸에 단어를 따라 써 보세요. 🎧

bus
[bʌs] 버스
명 버스

bus bus bus bus bus

taxi
[tǽksi] 택시
명 택시

taxi taxi taxi taxi taxi

subway
[sʌ́bwèi] 섭웨이
명 지하철

subway subway subway

train
[trein] 트레인
명 기차, 열차

train train train train

plane
[plèin] 플레인
명 평면, 비행기

plane plane plane plane

ship
[ʃip] 쉽
명 배, 여객선

ship   ship   ship   ship

boat
[bout] 보우트
명 작은 배

boat   boat   boat   boat

bicycle
[báisikəl] 바이시클
명 자전거

bicycle   bicycle   bicycle

truck
[trʌk] 트럭
명 트럭, 화물차

truck   truck   truck   truck

◈ 앞에서 배운 단어를 생각나는 대로 다시 따라 써 보세요.

집과 사회 시설

◈ 그림을 보며 단어를 익힌 후, 빈칸에 단어를 따라 써 보세요. 🎧

space
[speis] 스페이스

명 공간

space　space　space

place
[pleis] 플레이스

명 장소, 곳, 위치

place　place　place　place

house
[haus] 하우스

명 집

house　house　house

gate
[geit] 게이트

명 문, 출입문

gate　gate　gate　gate

door
[dɔːr] 도-

명 문

door　door　door　doo

hall
[hɔːl] 홀－

명 현관, 홀

hall hall hall hall hall

window
[wíndou] 윈도우

명 창문

window window window

room
[ruːm] 룸－

명 방

room room room room

kitchen
[kítʃən] 키췬

명 부엌

kitchen kitchen kitchen

floor
[flɔːr] 플로－어

명 바닥, 마루

floor floor floor floor

stair
[stɛər] 스테어

명 계단

stair　　stair　　stair　　stair

roof
[ruːf] 루-프

명 지붕

roof　　roof　　roof　　roof

wall
[wɔːl] 월-

명 벽

wall　　wall　　wall　　wall

garden
[gɑːrdn] 가-든

명 정원

garden　　garden　　garden

yard
[jaːrd] 야-드

명 마당, 울안

yard　　yard　　yard　　yard

bridge

[bridʒ] 브릿쥐

명 다리

bridge　　bridge　　bridge

school

[skuːl] 스쿨−

명 학교

school　　school　　school

hospital

[hάspitl] 하스피틀

명 병원

hospital　　hospital　　hospital

bank

[bæŋk] 뱅크

명 은행

bank　　bank　　ban

church

[tʃəːtʃ] 쳐−취

명 교회

church　　church　　church

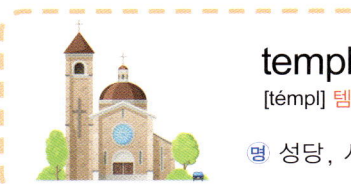

temple
[témpl] 템플

명 성당, 사원

temple   temple   temple

apartment
[əpáːrtmənt]
어파-트먼트

명 아파트

apartment   apartment

library
[láibrèri] 라이브레리

명 도서관

library   library   library

park
[pɑːrk] 파-크

명 공원

park   park   park   park

farm
[fɑːrm] 팜-

명 농장
타 자 경작하다

farm   farm   farm   farm

dairy
[déəri] 데어리

명 낙농장, 우유점

dairy dairy dairy dairy

zoo
[zuː] 주-

명 동물원

zoo zoo zoo zoo zoo

airport
[έərpɔ̀ːrt] 에어포-트

명 공항, 비행장

airport airport airport

village
[vílidʒ] 빌리지

명 마을

village village village

market
[máːrkit] 마-킷

명 시장

market market market

store
[stɔːr] 스토-

몡 가게, 저장

store store store store

shop
[ʃɑp] 샵

몡 상점, 가게

shop shop shop shop

road
[roud] 로우드

몡 도로, 길

road road road road

street
[striːt] 스트리-트

몡 거리

street street street street

station
[stéiʃən] 스테이션

몡 역, 정거장

station station station

◆ 그림을 보며 단어를 익힌 후, 빈칸에 단어를 따라 써 보세요.

beach
[biːtʃ] 비-치

명 바닷가, 해변

beach   beach   beach

river
[rívər] 리버

명 강

river   river   river   river

wood
[wud] 우드

명 나무, 목재

wood   wood   wood   wood

tree
[triː] 트리-

명 나무

tree   tree   tree   tree

mountain
[máuntən] 마운틴

명 언덕, 산

mountain   mountain

명사

hill
[hil] 힐
명 언덕

hill   hill   hill   hill   hill   hill

field
[fiːld] 필-드
명 들판

field   field   field   field   field

lake
[leik] 레이크
명 호수

lake   lake   lake   lake   lake

pool
[puːl] 풀-
명 웅덩이, 풀

pool   pool   pool   pool

jungle
[dʒʌŋgl] 정글
명 정글, 밀림

jungle   jungle   jungle

ground
[graund] 그라운드

명 땅, 운동장

ground   ground   ground

plant
[plænt] 플랜트

명 식물

plant   plant   plant

grass
[græs] 그래스

명 잔디

grass   grass   grass

leaf
[liːf] 리-프

명 나뭇잎

leaf   leaf   leaf   leaf

rock
[rɑk] 락

명 돌, 바위

rock   rock   rock   rock

stone
[stoun] 스토운
몡 돌

stone · stone stone stone

sky
[skai] 스카이
몡 하늘

sky · sky sky sky sky

sun
[sʌn] 썬
몡 태양, 해

sun · sun sun sun sun

cloud
[klaud] 클라우드
몡 구름

cloud · cloud cloud cloud

star
[staːr] 스타-
몡 별

star · star star star star

moon
[muːn] 문-

명 달

moon   moon moon moon

wind
[wínd] 윈드

명 바람, 소문

wind   wind   wind   wind

rain
[rein] 레인

명 비
자 비가 오다

rain   rain   rain   rain

snow
[snóu] 스노우

명 눈
자 타 눈이 오다

snow snow snow

shower
[ʃáuər] 샤우워

명 샤워, 소나기

shower shower shower

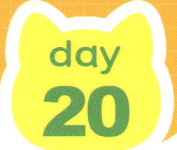

day 20

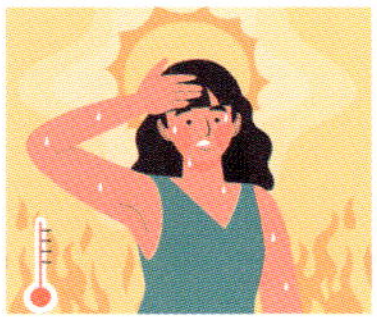

heat
[hi:t] 히-트
명 더위, 열

heat heat heat heat

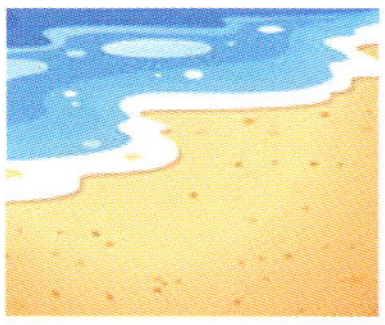

sand
[sænd] 샌드
명 모래

sand sand sand sand

air
[ɛər] 에어
명 공기

air air air air air air

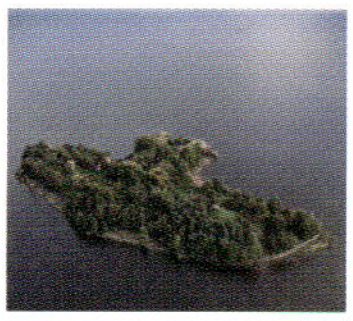

island
[áilənd] 아일런드
명 섬

island island island

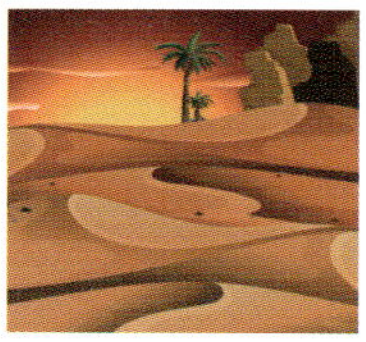

land
[lænd] 랜드
명 땅, 육지

land land land land

earth
[əːrθ] 어-쓰

명 지구, 땅

earth   earth   earth   earth

world
[wəːrld] 월-드

명 세계, 지구

world   world   world   world

country
[kʌ́ntri] 컨트리

명 나라, 국가, 시골

country   country   country

town
[taun] 타운

명 읍, 소도시

town   town   town   town

capital
[kǽpətl] 캐퍼틀

명 수도

capital   capital   capital

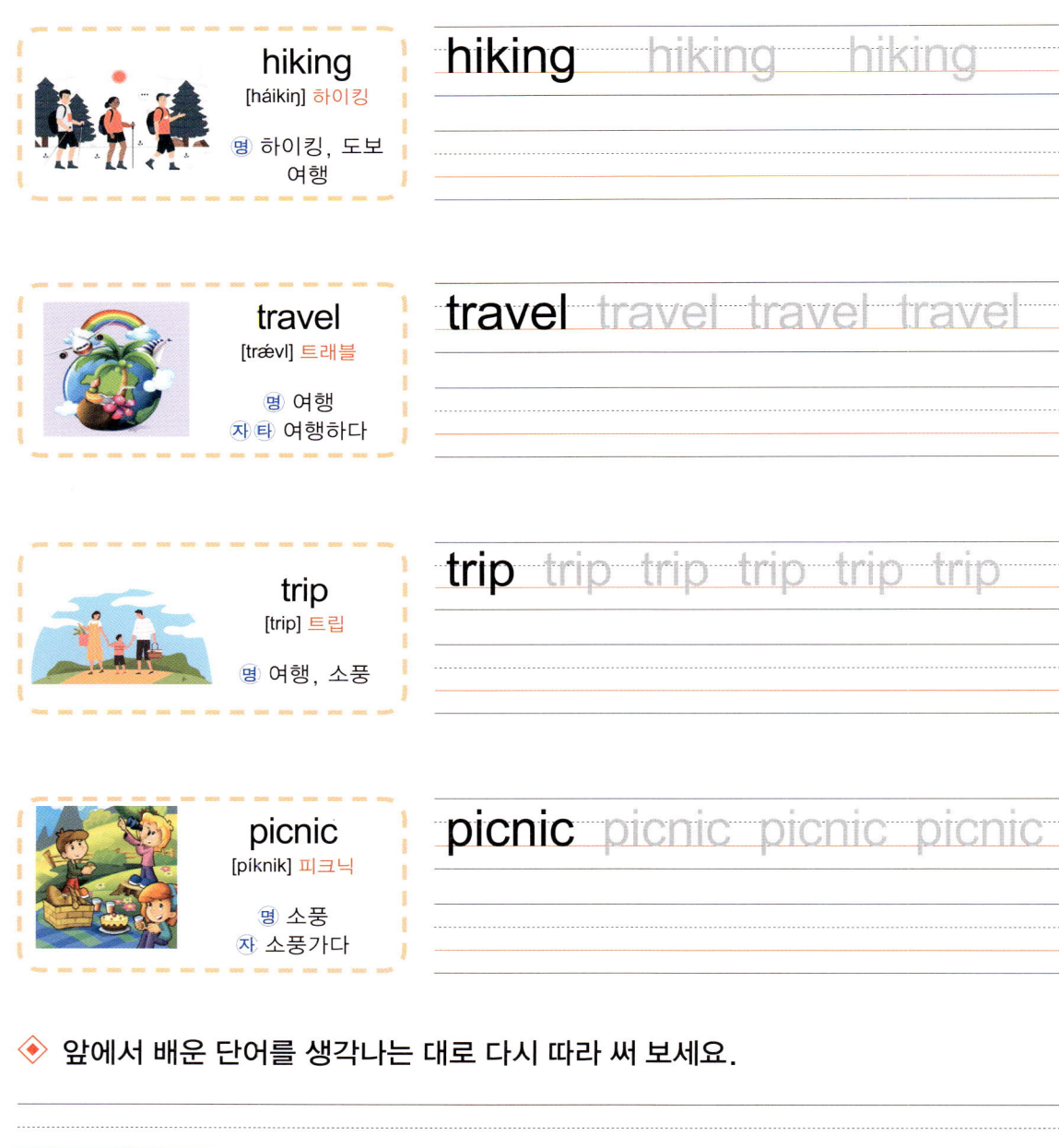

hiking
[háikiŋ] 하이킹

명 하이킹, 도보 여행

hiking   hiking   hiking

travel
[trǽvl] 트래블

명 여행
자 타 여행하다

travel   travel   travel   travel

trip
[trip] 트립

명 여행, 소풍

trip trip trip trip trip trip

picnic
[píknik] 피크닉

명 소풍
자 소풍가다

picnic picnic picnic picnic

◆ 앞에서 배운 단어를 생각나는 대로 다시 따라 써 보세요.

◈ 그림을 보며 단어를 익힌 후, 빈칸에 단어를 따라 써 보세요.

art
[ɑːrt] 아-트

명 미술, 예술

art   art   art   art   art   art

music
[mjúːzik] 뮤-직

명 음악

music   music   music

picture
[píttʃər] 픽쳐

명 그림, 사진
타 그리다

picture   picture   picture

alphabet
[ǽlfəbèt] 앨퍼벳

명 알파벳, 초보

alphabet   alphabet

design
[dizáin] 디자인

명 디자인, 설계

design   design   design

명사

103

movie

[múːvi] 무-비

몡 영화, 영화관

movie   movie   movie

opera

[ápərə] 아퍼러

몡 오페라, 가극

opera   opera   opera

dance

[dæns] 댄스

몡 춤, 무용
자 타 춤추다

dance   dance   dance

song

[sɔŋ] 송

몡 노래

song   song   song

piano

[piǽnou] 피애노우

몡 피아노

piano   piano   piano

guitar

[gitάːr] 기타-

몡 기타(악기)

guitar   guitar   guitar

사람들

◆ 그림을 보며 단어를 익힌 후, 빈칸에 단어를 따라 써 보세요.

people
[píːpl] 피-플
몡 사람들, 국민

people people people

baby
[béibi] 베이비
몡 아기

baby baby baby baby

kid
[kid] 키드
몡 아이, 새끼염소

kid kid kid kid kid

child
[tʃaild] 차일드
몡 아이

child child child child

boy
[bɔi] 보이
몡 소년

boy boy boy boy boy

day 23

girl [gəːrl] 거-얼 명 소녀	girl　girl　girl　girl　girl
man [mæn] 맨 명 남자	man　man　man　man
woman [wúmən] 우먼 명 여자	woman　woman　woman
lady [léidi] 레이디 명 숙녀	lady　lady　lady　lady
Mr. [místər] 미스터 명 ～씨	Mr.　Mr.　Mr.　Mr.　Mr.

Mrs.
[mísəz] 미시즈

명 ~부인

Mrs.   Mrs.   Mrs.   Mrs.

Miss
[mis] 미스

명 ~양

Miss   Miss   Miss   Miss

artist
[á:rtist] 아—티스트

명 예술가, 미술가

artist   artist   artist   artist

doctor
[dáktər] 닥터

명 의사, 박사

doctor   doctor   doctor

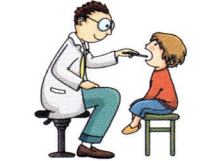

dentist
[déntist] 덴티스트

명 치과의사

dentist   dentist   dentist

police
[pəlíːs] 펄리ー스

명 경찰

police   police   police

nurse
[nəːrs] 너ー스

명 간호사

nurse   nurse   nurse   nurse

student
[stjúːdənt] 스튜ー던트

명 학생

student   student   student

pilot
[páilət] 파이럿

명 조종사

pilot   pilot   pilot   pilot

author
[ɔ́ːθər] 오ー서

명 저자, 창조자

author   author   author

god
[gad] 갓

명 신, 조물주

god   god   god   god   god

friend
[frend] 프렌드

명 친구

friend   friend   friend

classmate
[klǽsmèit] 클래스메이트

명 반친구, 급우

classmate   classmate

guest
[gest] 게스트

명 손님

guest   guest   guest

guide
[gaid] 가이드

명 안내자
타 안내하다

guide   guide   guide   guide

captain

[kǽptən] 캡튼

몡 두목, 선장

captain   captain   captain

chief

[tʃiːf] 치-프

몡 우두머리, 지도자

chief   chief   chief

ruler

[rúːlər] 룰-러

몡 통치자

ruler   rule   rule

citizen

[sítəzən] 시터즌

몡 시민

citizen   citizen

nation

[néiʃən] 네이션

몡 국민, 국가

nation   nation

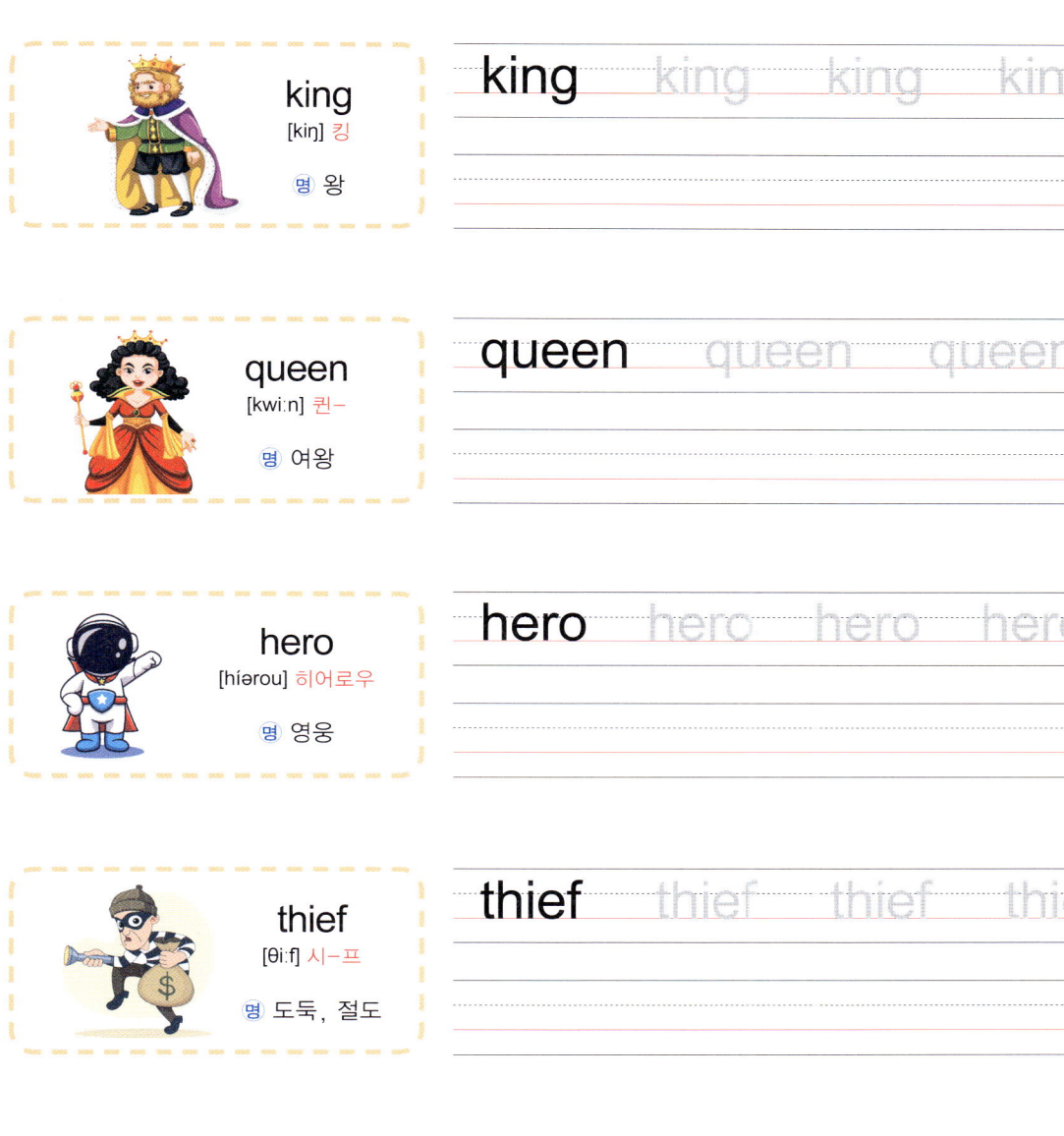

king
[kiŋ] 킹

명 왕

king   king   king   king

queen
[kwiːn] 퀸-

명 여왕

queen   queen   queen

hero
[híərou] 히어로우

명 영웅

hero   hero   hero   hero

thief
[θiːf] 시-프

명 도둑, 절도

thief   thief   thief   thief

devil
[dévl] 데블

명 악마

devil   devil   devil   devil

음식

◆ 그림을 보며 단어를 익힌 후, 빈칸에 단어를 따라 써 보세요. 🎧

food
[fuːd] 푸ー드
명 음식

food   food   food   food

dish
[diʃ] 디쉬
명 요리, 접시

dish   dish   dish   dish

bowl
[boul] 보울
명 사발, 대접

bowl   bowl   bowl   bowl

spoon
[spuːn] 스푼ー
명 숟가락, 스푼

spoon   spoon   spoon

knife
[naif] 나이프
명 칼, 나이프

knife   knife   knife   knife

beef
[biːf] 비-프

명 소고기

beef   beef   beef   beef

meat
[miːt] 미-트

명 고기

meat   meat   meat   meat

chicken
[tʃíkin] 치킨

명 닭고기, 닭

chicken   chicken   chicken

salad
[sǽləd] 샐러드

명 샐러드

salad   salad   salad   salad

potato
[pətéitou] 퍼테이토우

명 감자

potato   potato   potato

day 27

egg	egg egg egg egg
egg [eg] 에그 명 달걀, 알	

rice	rice rice rice rice
rice [rais] 라이스 명 밥, 쌀밥	

soup	soup soup soup
soup [su:p] 쑤-프 명 수프	

cheese	cheese cheese
cheese [ʧi:z] 치-즈 명 치즈	

bread	bread bread bread
bread [bred] 브레드 명 빵	

salt
[sɔːlt] 솔-트
명 소금

salt   salt   salt   salt   salt

sugar
[ʃúgər] 슈거
명 설탕

sugar   sugar   sugar   sugar

dessert
[dizə́ːrt] 디저-트
명 디저트, 후식

dessert   dessert   dessert

nut
[nʌt] 넛
명 견과(땅콩, 호두 등)

nut   nut   nut   nut   nut

candy
[kǽndi] 캔디
명 사탕

candy   candy   candy

cake

[keik] 케익

명 케이크

cake   cake   cake   cake

butter

[bʌ́tər] 버터

명 버터

butter   butter   butter   butter

juice

[dʒuːs] 쥬–스

명 주스

juice   juice   juice   juice

milk

[milk] 밀크

명 우유

milk   milk   milk   milk

water

[wɔ́ːtər] 워–터

명 물

water   water   water   wate

ice
[ais] 아이스

명 얼음

ice   ice   ice   ice   ice   ice

glass
[glæs] 글래스

명 유리, 컵

glass   glass   glass

cup
[kʌp] 컵

명 잔, 컵

cup   cup   cup   cup   cup

breakfast
[brékfəst] 브렉퍼스트

명 아침 식사

breakfast   breakfast

lunch
[lʌntʃ] 런취

명 점심, 도시락

lunch   lunch   lunch   lunch

명사

day
29

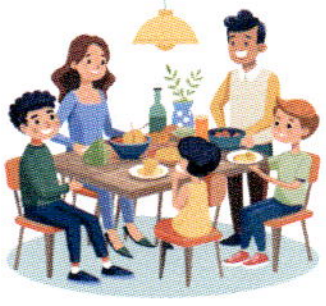

supper
[sʌpər] 서퍼
명 저녁식사

supper supper supper

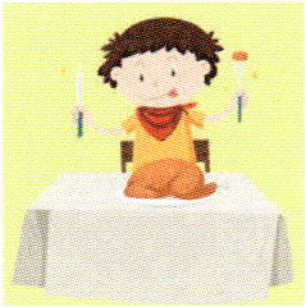

dinner
[dínər] 디너
명 정찬, 만찬

dinner dinner dinner

◈ 앞에서 배운 단어를 생각나는 대로 다시 따라 써 보세요.

때·시간

◆ 그림을 보며 단어를 익힌 후, 빈칸에 단어를 따라 써 보세요.

time
[taim] 타임

명 때, 시간

time time time time time

o'clock
[əklák] 어클락

명 ~시(時)

o'clock o'clock o'clock

morning
[mɔ́ːrniŋ] 모-닝

명 아침, 오전

morning morning morning

afternoon
[æftərnúːn] 앱터눈-

명 점심, 오후

afternoon afternoon

A.M.
[éiém] 에이엠

명 오전

A.M. A.M. A.M. A.M.

명사

119

P.M.
[píːém] 피엠

명 오후

P.M. P.M. P.M. P.M. P.M.

evening
[íːvniŋ] 이-브닝

명 저녁, 해질무렵

evening evening evening

night
[nait] 나이트

명 밤

night night night night

today
[tədéi] 투데이

명 오늘

today today today today

tonight
[tənáit] 투나이트

명 부 오늘밤

tonight tonight tonight

year
[jiə:r] 이어-
명 년, 해, 나이

year year year year

month
[mʌnθ] 먼스
명 월, 달

month month month

week
[wiːk] 위-크
명 주, 일주일

week week week week

day
[dei] 데이
명 날, 하루, 낮

day day day day

date
[deit] 데이트
명 날짜

date date date date

명사

121

hour
[áuər] 아우어

몡 시간

hour   hour   hour   hour

minute
[mínit] 미닛

몡 분(分), 순간

minute   minute   minute

holiday
[hálədèi] 할러데이

몡 휴가, 공휴일

holiday   holiday   holiday

birthday
[bə́ːrədèi] 버-쓰데이

몡 생일

birthday   birthday   birthday

◈ 앞에서 배운 단어를 생각나는 대로 다시 따라 써 보세요.

선물

◆ 그림을 보며 단어를 익힌 후, 빈칸에 단어를 따라 써 보세요. 🎧

gift
[gift] 기프트
명 선물

gift   gift   gift   gift   gift

book
[buk] 북
명 책

book   book   book   book

toy
[tɔi] 토이
명 장난감

toy   toy   toy   toy   toy

ball
[bɔːl] 볼—
명 공

ball   ball   ball   ball   ball

candle
[kǽndl] 캔들
명 양초

candle   candle   candle

명사

ribbon
[ríbən] 리번

명 리본, 장식용 띠

ribbon   ribbon   ribbon

doll
[dal] 달

명 인형

doll   doll   doll   doll

card
[kɑ:rd] 카—드

명 카드, 트럼프,
엽서

card   card   card

bell
[bel] 벨

명 종, 초인종

bell   bell   bell   bell

pen
[pén] 펜

명 펜, 펜촉

pen   pen   pen   pen

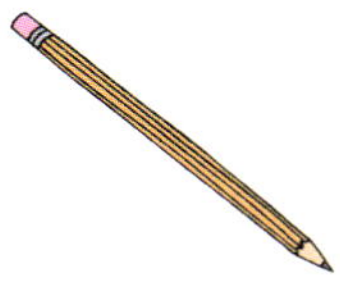

pencil
[pénsl] 펜슬

명 연필

pencil　　pencil　　pencil

balloon
[bərúːn] 버룬–

명 풍선

balloon　　balloon　　balloon

◆ 앞에서 배운 단어를 생각나는 대로 다시 따라 써 보세요.

day
33

액세서리

◆ 그림을 보며 단어를 익힌 후, 빈칸에 단어를 따라 써 보세요.

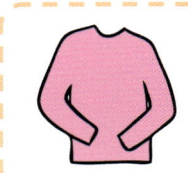

clothes
[klouz] 클로우즈
명 옷, 의복

clothes clothes clothes

dress
[dres] 드레스
명 의복
타자 옷을 입다

dress dress dress

coat
[kout] 코우트
명 상의, 외투

coat coat coat

shirt
[ʃəːrt] 셔-트
명 셔츠, 와이셔츠

shirt shirt shirt

pants
[pænts] 팬츠
명 바지

pants pants pants

skirt
[skəːrt] 스커-트
명 치마

skirt   skirt   skirt   skirt   skirt

bag
[bæg] 백
명 가방

bag   bag   bag   bag   bag

shoes
[ʃuːz] 슈-즈
명 신, 구두

shoes   shoes   shoes

cap
[kæp] 캡
명 모자

cap   cap   cap   cap   cap

hat
[hæt] 햇
명 모자(테가 있는)

hat   hat   hat   hat   hat

clock
[klak] 클락

명 시계

clock clock clock clock

watch
[watʃ] 와치

명 손목시계
타 자 지켜보다

watch watch watch watch

glove
[glʌv] 글러브

명 장갑

glove glove glove glove

hose
[houz] 호우즈

명 긴 양말, 호스

hose hose hose hose

sock
[sak] 싹

명 짧은 양말

sock sock sock sock

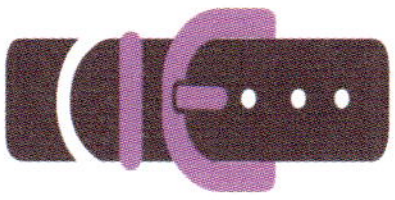

belt
[belt] 벨트
명 혁대

belt belt belt belt belt

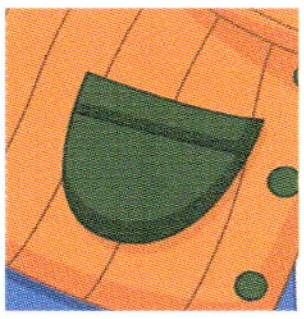

pocket
[pákit] 파킷
명 호주머니, 지갑

pocket pocket pocket

button
[bʌ́tn] 버튼
명 단추, 버튼

button button button

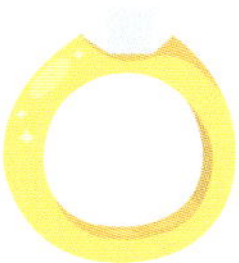

ring
[rin] 링
명 고리, 반지

ring ring ring ring ringn

◈ 앞에서 배운 단어를 생각나는 대로 다시 따라 써 보세요.

생활용품

◆ 그림을 보며 단어를 익힌 후, 빈칸에 단어를 따라 써 보세요. 🎧

bed
[bed] 베드
명 침대

bed ~~bed~~ ~~bed~~ ~~bed~~

desk
[desk] 데스크
명 책상

desk ~~desk~~ ~~desk~~ ~~desk~~

table
[téibl] 테이블
명 탁자, 테이블

table ~~table~~ ~~table~~ ~~table~~

chair
[tʃɛər] 체어
명 의자

chair ~~chair~~ ~~chair~~ ~~chair~~

bench
[bentʃ] 벤치
명 긴 의자(여러
명이 앉는 의자)

bench ~~bench~~ ~~bench~~

radio
[réidiòu] 레이디오우

명 라디오

radio radio   radio   radio

camera
[kǽmərə] 캐머러

명 사진기

camera camera   camera

phone
[foun] 폰

명 전화

phone phone   phone

film
[film] 필름

명 필름

film film   film   film   film

mirror
[mírər] 미러

명 거울

mirror mirror mirror mirror

day 36

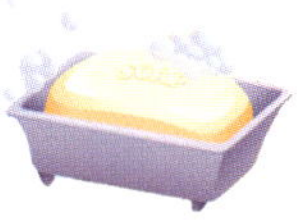

soap
[soup] 쓰웁
명 비누

soap soap soap soap

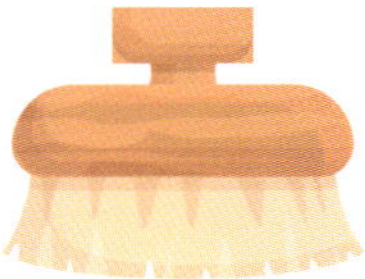

brush
[brʌʃ] 브러시
명 솔

brush brush brush brush

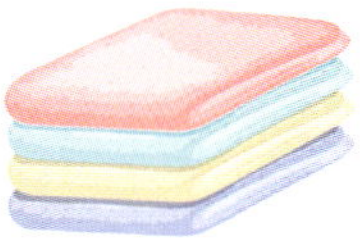

towel
[táuəl] 타월
명 수건

towel towel towel towel

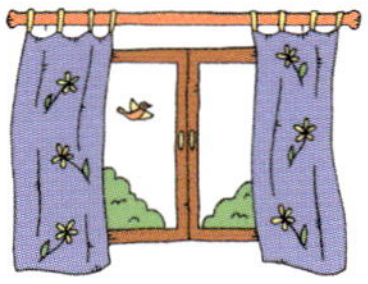

curtain
[kə́ːrtn] 커–튼
명 커튼

curtain curtain curtain

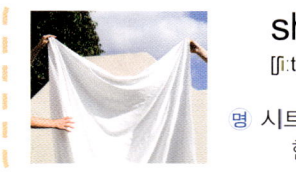

sheet
[ʃiːt] 쉬–트
명 시트, 홑이불, 한 장

sheet sheet sheet sheet

carpet
[kάːrpit] 카-핏

명 융단, 양탄자

carpet carpet carpe

stove
[stouv] 스토우브

명 난로

stove stove stove

car
[kɑːr] 카-

명 차, 자동차

car car car car

crayon
[kréiən] 크레이언

명 크레용

crayon crayon crayon

paper
[péipər] 페이퍼

명 종이

paper paper paper paper

day 37

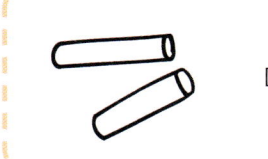

chalk
[tʃɔːk] 초-크
명 분필

chalk　chalk　chalk　chalk

board
[bɔːrd] 보-드
명 판자, 칠판

board　board　board　board

map
[mæp] 맵
명 지도

map　map　map　map

bottle
[bɑ́tl] 바틀
명 병

bottle　bottle　bottle

mail
[meil] 메일
명 우편, 우편물

mail　mail　mail　mail

letter
[létər] 레터

명 편지

letter letter letter letter

diary
[dáiəri] 다이어리

명 일기

diary diary diary diary

key
[kiː] 키-

명 열쇠

key key key key key

band
[bænd] 밴드

명 띠, 끈
자 타 끈으로 묶다

band band band band

can
[kæn] 캔

명 깡통, 통조림
조 ～할 수 있다

can can can can can

box
[baks] 박스

명 상자

box   box   box   box   box

basket
[bǽskit] 배스킷

명 바구니

basket   basket   basket

lamp
[læmp] 램프

명 등불

lamp   lamp   lamp   lamp

balance
[bǽləns] 밸런스

명 저울, 균형

balance   balance   balance

meter
[mí:tər] 미-터

명 계량기

meter   meter   meter   meter

dial
[dáiəl] 다이얼

명 다이얼

dial   dial   dial   dial   dial

stamp
[stæmp] 스탬프

명 도장, 소인

stamp   stamp   stamp

ink
[iŋk] 잉크

명 잉크

ink   ink   ink   ink   ink   ink

medal
[médl] 메들

명 메달, 훈장

medal   medal   medal

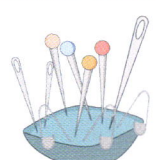

pin
[pin] 핀

명 핀, 못, 바늘

pin   pin   pin   pin   pin   pin

◆ 그림을 보며 단어를 익힌 후, 빈칸에 단어를 따라 써 보세요.

cream
[kri:m] 크림-

명 크림

cream   cream   cream

flag
[flæg] 플래그

명 기, 깃발

flag   flag   flag   flag   flag

broom
[bru:m] 브룸-

명 비
타 비로 쓸다

broom   broom   broom

comb
[koum] 코움

명 빗
타 빗질하다

comb   comb   comb   comb

money
[mʌ́ni] 머니

명 돈, 재산

money   money   money

coin
[kɔin] 코인
명 돈, 주화

coin   coin   coin   coin

dollar
[dálər] 달러
명 달러

dollar   dollar   dollar   dollar

cash
[kæʃ] 캐시
명 현금
타 현금으로 지불하다

cash   cash   cash   cash

◆ 앞에서 배운 단어를 생각나는 대로 다시 따라 써 보세요.

소속

그림을 보며 단어를 익힌 후, 빈칸에 단어를 따라 써 보세요.

group
[gru:p] 그룹-

명 무리, 집단

group · group · group · group

lead
[li:d] 리-드

명 지휘, 선도
동 이끌다, 인도하다

lead · lead · lead · lead

name
[neim] 네임

명 이름

name · name · name · name

age
[eidʒ] 에이쥐

명 나이, 햇수

age · age · age · age

zone
[zoun] 조운

명 지대, 구역

zone · zone · zone · zone

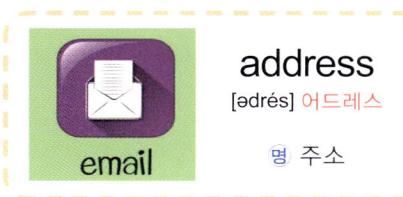

address
[ədrés] 어드레스

명 주소

address   address   address

team
[tiːm] 팀-

명 팀, 패

team   team   team

club
[klʌb] 클럽

명 클럽, 동호회,
곤봉

club   club   club

circle
[səˊːrkl] 서-클

명 원, 동아리

circle   circle   circle

class
[klæs] 클래스

명 학급, 반, 계급

class   class   class

명사

141

lesson
[lésn] 레슨

(명) 학과, 수업

lesson   lesson   lesson

college
[kálidʒ] 칼리쥐

(명) 단과대학

college   college   college

company
[kʌ́mpəni] 컴퍼니

(명) 회사, 동료, 교제

company   company

army
[áːrmi] 아−미

(명) 육군, 군대

army   army   army   army

rule
[rúːlə] 루−울

(명) 규칙, 지배

rule   rule   rule   rule   rule

◆ 그림을 보며 단어를 익힌 후, 빈칸에 단어를 따라 써 보세요.

act
[ækt] 액트

명 행위
자 행동하다

act　act　act　act　act

job
[dʒab] 잡

명 일, 직업

job　job　job　job　job

work
[wəːrk] 워-크

명 일, 작업

work　work　work　work

business
[bíznis] 비즈니스

명 사무, 영업, 사업

business　business

copy
[kápi] 카피

명 복사, 사본

copy　copy　copy　copy

묘사

143

game
[ɡeim] 게임

명 놀이, 경기

game   game   game   game

fun
[fʌn] 펀

명 장난, 재미

fun   fun   fun   fun   fun

sport
[spɔːrt] 스포-트

명 스포츠, 오락, 운동

sport   sport   sport   sport

score
[skɔːr] 스코-어

명 득점, 점수

score   score   score   score

soccer
[sɑ́kər] 싸커

명 축구

soccer   soccer   soccer

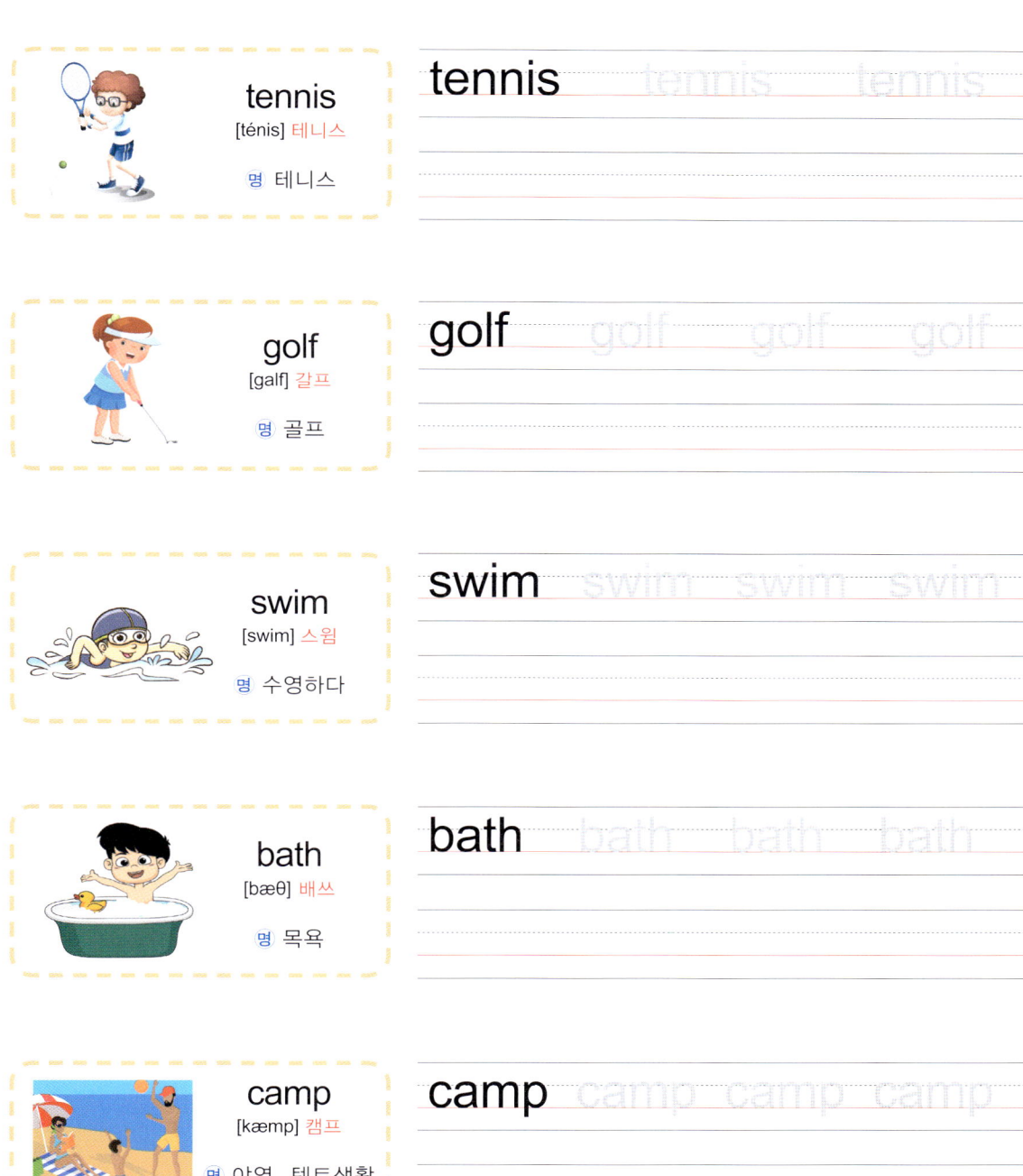

tennis
[ténis] 테니스

명 테니스

tennis

golf
[galf] 갈프

명 골프

golf

swim
[swim] 스윔

명 수영하다

swim

bath
[bæθ] 배쓰

명 목욕

bath

camp
[kæmp] 캠프

명 야영, 텐트생활
자 야영하다

camp

lie
[lai] 라이

명 거짓말
자 눕다, 드러눕다

lie　lie lie lie lie lie lie lie

concert
[kánsəːrt] 칸서—트

명 콘서트

concert　concert　concert

kiss
[kis] 키스

명 키스, 입맞춤

kiss　kiss　kiss　kiss　kiss

march
[maːrtʃ] 마—치

명 행진
자 타 행진하다

march　march　march

lot
[lat] 랏

명 제비뽑기, 몫

lot　lot lot lot lot lot

try

[trai] 트라이

명 시도
타 자 시도하다, 해보다

try　try　try　try　try　try

test

[test] 테스트

명 시험, 검사

test　test　test　test　test

pass

[pǽs] 패스

명 합격
자 타 지나가다, 합격하다

pass　pass　pass　pass

control

[kəntróul] 컨트로울

명 지배, 관리
타 지배하다

control　control　control

start

[stɑːrt] 스타ー트

명 출발
자 타 출발하다

start　start　tart　start

touch
[tʌtʃ] 터취

명 접촉
자 대다, 달다

touch touch touch

cure
[kjuər] 큐어

명 치료
타 치료하다

cure cure cure

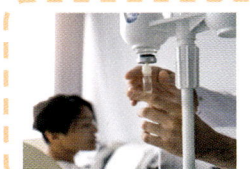

note
[nóut] 노우트

명 기록, 각서

note note note

plan
[plæn] 플랜

명 계획
타 자 계획하다

plan plan plan plan

study
[stʌ́di] 스터디

명 공부
타 자 연구하다

study study study study

rest
[rest] 레스트

명 휴식
자 타 쉬다

rest

roll
[roul] 로울

명 회전
타 자 굴리다

roll

story
[stóːri] 스토－리

명 이야기

story

chat
[tʃæt] 챹

명 잡담
자 잡담하다

chat

debate
[dibéit] 디베이트

명 토론, 논쟁
타 논쟁하다

debate

명사

149

day 45

contest
[kántest] 칸테스트

명 논쟁, 경쟁, 경연
자 타 겨루다, 다투다

contest

battle
[bǽtl] 배틀

명 전투, 전쟁

battle battle battle battle

fight
[fait] 파이트

명 싸움, 전투

fight fight fight fight

quarrel
[kwɔ́ːrəl] 쿼-럴

명 싸움, 말다툼

quarrel quarrel quarrel

◆ 앞에서 배운 단어를 생각나는 대로 다시 따라 써 보세요.

기분·감정

◈ 그림을 보며 단어를 익힌 후, 빈칸에 단어를 따라 써 보세요.

life
[laif] 라이프

명 생명, 삶

life　life　life　life　life　life

joy
[dʒɔ́i] 죠이

명 기쁨

joy　joy　joy　joy　joy　joy

anger
[ǽŋgər] 앵거

명 노여움
타 성나게하다

anger　anger　anger　anger

hope
[houp] 호웁

명 희망, 기대

hope　hope　hope　hope

dream
[driːm] 드림-

명 꿈
타 자 꿈꾸다

dream　dream　dream

명사

light
[lait] 라이트

명 빛 형 밝은

light light light light light

luck
[lʌk] 럭

명 행운

luck luck luck luck luck

love
[lʌv] 러브

명 사랑
타 자 사랑하다

love love love love love

peace
[piːs] 피-스

명 평화

peace peace peace

mood
[muːd] 무-드

명 기분, 감정

mood mood mood mood

idea
[aidíːə] 아이디-어

명 생각

idea   idea   idea   idea   idea

chance
[tʃæns] 챈스

명 기회

chance   chance   chance

choice
[tʃɔis] 초이스

명 선택

choice   choice   choice

pick
[pik] 픽

명 선택
타 자 고르다

pick   pick   pick   pick

danger
[déindʒər] 데인저

명 위험, 위험물

danger   danger   danger

153

advice
[ædváis] 에드바이스

명 충고, 조언

advice　advice　advice

care
[kɛəːr] 케어－

명 근심, 걱정
자 염려하다

care　care　care　care

pardon
[páːrdn] 파－든

명 용서
타 용서하다

pardon　pardon　pardon

thank
[θæŋk] 생크

명 감사
타 감사하다

thank　thank　thank　thank

pity
[píti] 피티

명 동정, 연민

pity　pity　pity　pity　pity

hurry

[hə́ːri] 허-리

명 서두름
자 서두르다

hurry　hurry　hurry　hurry

alarm

[əláːrm] 얼람-

명 놀람, 경보

alarm　alarm　alarm　alarm

wonder

[wʌ́ndər] 원더

명 놀라움

wonder　wonder　wonder

need

[niːd] 니-드

명 필요
타 필요로 하다

need　need　need　need

◈ 앞에서 배운 단어를 생각나는 대로 다시 따라 써 보세요.

그밖의 명사들

◈ 그림을 보며 단어를 익힌 후, 빈칸에 단어를 따라 써 보세요.

ticket
[tíkit] 티킷

명 표, 입장권, 승차권

ticket   ticket   ticket   ticket

bubble
[bʌbl] 버블

명 거품

bubble   bubble   bubble

paste
[pèist] 페이스트

명 풀, 반죽한 것

paste   paste   paste   paste

handle
[hǽndl] 핸들

명 손잡이, 자루

handle   handle   handle

stick
[stik] 스틱

명 막대기

stick   stick   stick   stick

drum

[drʌm] 드럼

명 북
타 자 북을 치다

drum   drum   drum   drum

bomb

[bam] 밤

명 폭탄

bomb   bomb   bomb

hole

[houl] 호울

명 구멍

hole   hole   hole

line

[lain] 라인

명 선, 끈

line   line   line   line

wing

[wiŋ] 윙

명 날개

wing   wing   wing

drop
[drap] 드랍

명 물방울
자 타 떨어지다

drop drop   drop   drop

post
[póust] 포우스트

명 기둥, 우편

post post   post   post

oil
[ɔil] 오일

명 기름

oil oil oil oil oil oil oil

pipe
[paip] 파이프

명 관, 파이프, 피리

pipe pipe   pipe   pipe

rod
[rad] 라드

명 막대

rod rod   rod   rod   rod

smoke
[smouk] 스모우크

몡 연기, 흡연
자 타 담배를 피우다

smoke   smoke   smoke

steam
[stiːm] 스팀-

몡 증기, 김

steam   steam   steam

poster
[póustər] 포우스터

몡 포스터, 벽보

poster   poster   poster

robot
[róubət] 로우벗

몡 로보트, 인조인간

robot   robot   robot   robot

rocket
[rákit] 로킷

몡 로케트

rocket   rocket   rocket

명사

half
[hæf] 해프
명 절반 형 절반의

half half half half half

pair
[pɛər] 페어
명 한 쌍

pair pair pair pair pair

set
[set] 셋
명 한 벌
타 자 놓다

set set set set set

suit
[súːt] 수ー트
명 한 벌, 슈트, 소송

suit suit suit suit suit

piece
[piːs] 피ー스
명 한 조각, 단편

piece piece piece piece

page
[peidʒ] 페이쥐

명 페이지, 면

page   page   page   page

sight
[sait] 사이트

명 시각, 봄, 조망

sight   sight   sight   sight

style
[stail] 스타일

명 스타일, 모양

style   style   style   style

taste
[teist] 테이스트

명 맛
타 자 맛보다

taste   taste   taste   taste

sound
[saund] 사운드

명 소리

sound   sound   sound

tear
[tiər] 티어

® 눈물

tear   tear   tear   tear   tear

speed
[spi:d] 스피-드

® 속도, 빠름

speed   speed   speed

size
[saiz] 싸이즈

® 크기

size   size   size   size   size

word
[wə:rd] 워-드

® 말, 단어

word   word   word   word

step
[step] 스텝

® 걸음

step   step   step   step   step

voice
[vɔis] 보이스

명 목소리

voice   voice   voice   voice

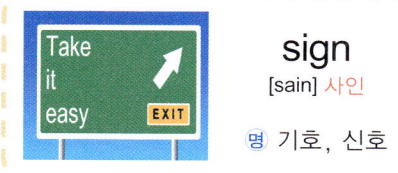

sign
[sain] 사인

명 기호, 신호

sign   sign   sign   sign   sign

detail
[ditéil] 디테일

명 세부

detail   detail   detail   detail

sort
[sɔːrt] 소-트

명 종류
타 분류하다

sort   sort   sort   sort   sort

center
[séntər] 센터

명 중앙

center   center   center

middle
[mídl] 미들

명 중앙
형 한가운데의

middle   middle   middle

front
[frʌnt] 프런트

명 앞쪽
형 정면의

front   front   front   front

corner
[kɔ́ːrnər] 코-너

명 구석, 모퉁이

corner   corner   corner

side
[said] 싸이드

명 측면

side   side   side   side

top
[tap] 탑

명 꼭대기

top   top   top   top   top

point
[point] 포인트

명 뾰족한 끝, 점
동 가리키다, 지적하다

point point point point

course
[kɔːrs] 코-스

명 진행, 진로

course course course

end
[end] 엔드

명 마지막, 끝

end end end end end

cross
[krɔːs] 크로-스

명 십자형
타 교차시키다

cross cross cross cross

news
[njuːz] 뉴-즈

명 뉴스

news news news news

165

topic
[tápik] 토픽

몡 화제, 주제

topic topic   topic   topic

fact
[fækt] 펙트

몡 사실, 진실

fact fact   fact   fact   fact

case
[kèis] 케이스

몡 경우, 상자

case case   case   case

base
[béis] 베이스

몡 기초
타 기초를 두다

base base   base   base

volume
[válju:m] 발륨-

몡 부피, 용적, 책

volume volume   volume

career
[kəríər] 커리어

명 생애, 경력

career   career   career

burden
[bə́ːrdn] 버-든

명 무거운 짐, 부담

burden   burden   burden

clinic
[klínik] 클리닉

명 임상 강의,
진료소

clinic   clinic   clinic

object
[ábdʒikt] 아브쥑트

명 물건, 물체

object   object   object

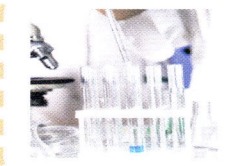

matter
[mǽtər] 매터

명 물질, 재료

matter   matter   matter

motor
[móutər] 모우터
명 원동력, 모터

motor　motor　motor

noise
[nɔiz] 노이즈
명 소음

noise　noise　noise

custom
[kʌ́stəm] 커스텀
명 습관, 관례

custom　custom　custom

practice
[prǽktis] 프랙티스
명 습관, 실행, 실습

practice　practice　practice

proof
[pruːf] 프루-프
명 증명, 증거

proof　proof　proof　proof

quality
[kwáləti] 퀄러티

명 질, 품질, 성질

quality   quality   quality

seat
[siːt] 씨―트

명 좌석
타 앉게하다

seat   seat   seat   seat

model
[mɑ́dl] 마들

명 모형, 모델

model   model   model

shape
[ʃeip] 셰이프

명 모양, 형태

shape   shape   shape

square
[skwɛər] 스퀘어

명 정사각형
형 네모의

square   square   square

명사

way
[wéi] 웨이

명 길, 진로, 방향

way   way   way   way

use
[ju:s] 유-스

명 사용, 효용

use   use   use   use

weight
[weit] 웨이트

명 무게, 중량
타 무겁게하다

weight   weight   weight

accent
[ǽksent] 액센트

명 강세
타 악센트를 붙이다

accent   accent   accent

ceiling
[síːliŋ] 실-링

명 천장, 한계

ceiling   ceiling   ceiling

subject
[sʌbdʒikt] 서브직트

명 주제, 학과

subject   subject   subject

charm
[tʃaːrm] 참-

명 매력, 마력과

charm   charm   charm

duty
[djúːti] 듀-티

명 의무, 임무

duty   duty   duty

benefit
[bénəfit] 베니핏

명 이익

benefit   benefit   benefit

article
[áːrtikl] 아티클

명 기사, 조항

article   article   article

재미있는 영단어 게임

A 대문자에 맞는 소문자, 소문자에 맞는 대문자를 써 보세요.

❶ U

❷ v

❸ w

❹ X

❺ Y

❻ Z

B 빈 칸에 들어갈 알맞은 알파벳 글자를 써 보세요.

❶ 피망

| | e | p | p | e | r |

❷ 호루라기

| | h | i | s | t | l | |

❸ 겨울

| | i | n | t | e | |

❹ 0 영

| | e | r | |

C 다음 그림을 보고 빈칸과 단어를 올바르게 연결하세요.

오렌지 RONAEG

제3장

형용사

beehive

pig

교육부
지정

 **형용사**

◆ 그림을 보며 단어를 익힌 후, 빈칸에 단어를 따라 써 보세요.

big
[big] 빅
형 큰

big　big　big　big　big

large
[lɑːrdʒ] 라-지
형 큰, 넓은

large　large　large　large

tall
[tɔːl] 톨-
형 키가 큰

tall　tall　tall　tall　tall

small
[smɔːl] 스몰-
형 작은

small　small　small　small

long
[lɔːŋ] 롱-
형 긴

long　long　long　long

short
[ʃɔːrt] 쇼-트
형 짧은, 키가 작은

short   short   short   short

high
[hai] 하이
형 높은

high   high   high   high

low
[lou] 로우
형 낮은

low   low   low   low

nice
[nais] 나이스
형 좋은, 멋진

nice   nice   nice   nice

fine
[fain] 파인
형 훌륭한, 멋진

fine   fine   fine   fine

형용사

good
[gud] 굳
형 좋은, 훌륭한

good good good good

great
[greit] 그레이트
형 위대한, 훌륭한

great great great great

bad
[bæd] 배드
형 나쁜

bad bad bad bad

evil
[íːvəl] 이-블
형 나쁜

evil evil evil evil evil

glad
[glæd] 글래드
형 기쁜, 즐거운

glad glad glad glad

happy
[hǽpi] 해피

형 행복한

happy   happy   happy

sad
[sæd] 새드

형 슬픈

sad   sad   sad   sad   sad

angry
[ǽŋgri] 앵그리

형 성난, 노한

angry   angry   angry   angry

pretty
[príti] 프리티

형 예쁜, 귀여운

pretty   pretty   pretty   pretty

dear
[diər] 디어

형 친애하는

dear   dear   dear   dear

형용사

darling
[dá:rliŋ] 다-링

형 귀여운
명 귀여운 사람

darling   darling   darling

beautiful
[bjú:tifəl] 뷰-티펄

형 아름다운, 훌륭한

beautiful   beautiful

kind
[kaind] 카인드

형 친절한
명 종류

kind   kind   kind   kind

gentle
[dʒéntl] 젠틀

형 온화한, 친절한

gentle   gentle   gentle

free
[fríː] 프리-

형 자유로운

free   free   free   free

sorry
[sári] 사리

형 미안한

sorry sorry sorry sorry

fresh
[freʃ] 프레쉬

형 신선한, 상쾌한

fresh fresh fresh

new
[nuː] 뉴-

형 새로운

new new new new

young
[jʌŋ] 영

형 젊은

young young young

old
[ould] 오울드

형 오래된, 늙은

old old old old old

busy
[ɔízi] 비지

형 바쁜

busy busy busy busy

late
[leit] 레이트

형 늦은

late late late late

quick
[kwik] 퀵

형 빠른, 신속한
부 빨리

quick quick quick quick

fast
[fəst] 패스트

형 빠른

fast fast fast fast

slow
[slou] 슬로우

형 느린

slow slow slow slow

many

[méni] 메니

형 많은, 다수의

many   many   many   many

much

[mʌtʃ] 머취

형 많은   부 매우

much   much   much

few

[fjuː] 퓨-

형 적은, 거의 없는

few   few   few   few

wide

[waid] 와이드

형 폭이 넓은

wide   wide   wide

narrow

[nǽrou] 내로우

형 폭이 좁은

narrow   narrow   narrow

thick
[θik] 식

형 두꺼운, 굵은

thick　thick　thick　thick

round
[raund] 라운드

형 둥근
전 ～의 주위에

round　round　round　round

same
|seim] 세임

형 같은, 동일한
부 마찬가지로

same　same　same　sam

clean
[kli:n] 클린-

형 깨끗한

clean　clean　clean　clean

dirty
[də́:rti] 더-티

형 더러운

dirty　dirty　dirty　dirty

bright
[brait] 브라이트

형 밝은

bright   bright   bright   bright

dark
[dɑːrk] 다-크

형 어두운
명 어둠

dark   dark   dark   dark

warm
[wɔːrm] 웜-

형 따뜻한

warm   warm   warm   warm

cool
[kuːl] 쿨-

형 시원한, 차가운

cool   cool   cool   cool

hot
[hɑt] 핫

형 뜨거운, 더운

hot   hot   hot   hot

형용사

cold
[kould] 코울드
형 추운

cold   cold   cold   cold   cold

dry
[crai] 드라이
형 마른, 건조한

dry   dry   dry   dry   dry

wet
[wet] 웨트
형 젖은

wet   wet   wet   wet   wet

moist
[mɔist] 모이스트
형 축축한

moist   moist   moist   moist

rich
[ritʃ] 리치
형 부유한, 풍부한

rich   rich   rich   rich   rich

poor
[puər] 푸어

형 가난한, 불쌍한, 서툰

poor   poor   poor   poor

quiet
[kwáiət] 콰이엇

형 조용한

quiet   quiet   quiet   quiet

still
[stil] 스틸

형 조용한, 정지한
부 아직, 여전히

still   still   still   still   still

loud
[láud] 라우드

형 소리가 큰, 시끄러운

loud   loud   loud   loud   loud

easy
[íːzi] 이－지

형 쉬운

easy   easy   easy   easy

hard
[hɑːrd] 하ー드
형 딱딱한, 어려운

hard   hard   hard   hard

simple
[símpl] 심플
형 간단한, 단순한

simple   simple   simple

complex
[kəmpléks] 컴플렉스
형 복잡한

complex   complex   complex

soft
[sɔːft] 소ー프트
형 부드러운, 온화한

soft   soft   soft   soft   soft

sweet
[swiːt] 스위ー트
형 달콤한
명 단것

sweet   sweet   sweet

strong
[strɔːŋ] 스트롱-

형 강한

strong strong strong

heavy
[hévi] 헤비

형 무거운

heavy heavy heavy

deep
[diːp] 디-프

형 깊은

deep deep deep deep

safe
[seif] 세이프

형 안전한

safe safe safe safe

hungry
[hʌ́ŋgri] 헝그리

형 배고픈

hungry hungry hungry

full
[ful] 풀

형 충분한, 가득 찬

full　full　full　fulll　full　full

enough
[inʌf] 이너프

형 충분한

enough　enough　enough

cheap
[tʃiːp] 치-프

형 값싼

cheap　cheap　cheap

famous
[féiməs] 페이머스

형 유명한

famous　famous　famous

brave
[breiv] 브레이브

형 용감한, 화려한

brave　brave　brave　brave

awful
[ɔ́ːfəl] 오-플

형 무서운, 대단한, 장엄한

awful　awful　awful　awful

afraid
[əfréid] 어프레이드

형 두려워하는, 걱정하는

afraid　afraid　afraid　afraid

mad
[mæd] 매드

형 미친

mad　mad　mad　mad

cruel
[krúːəl] 크루-얼

형 잔인한, 비참한

cruel　cruel　cruel　cruel

raw
[rɔː] 로-

형 날것의

raw　raw　raw　raw

형용사

day 64

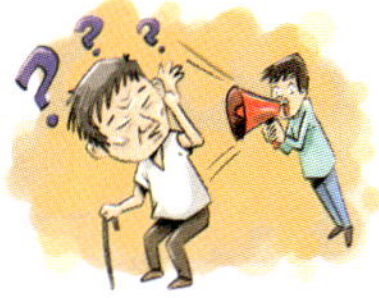

deaf
[def] 데프
형 귀머거리의

deaf deaf deaf deaf

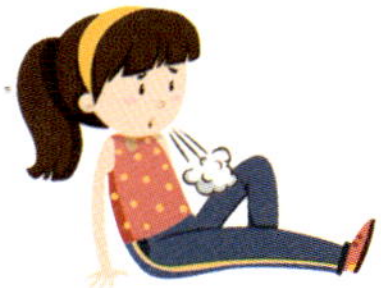

tired
[taiərd] 타이어드
형 피로한, 지친

tired tired tired tired

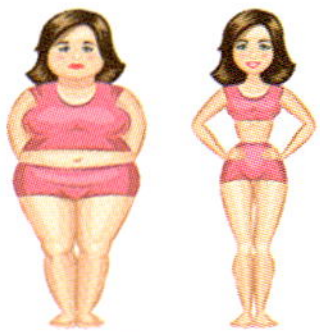

fat
[fæt] 팻
형 살찐

fat fat fat fat fat

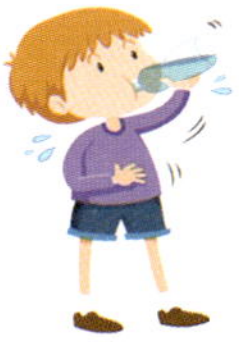

thirsty
[θəːrsti] 서–스티
형 목마른

thirsty thirsty thirsty

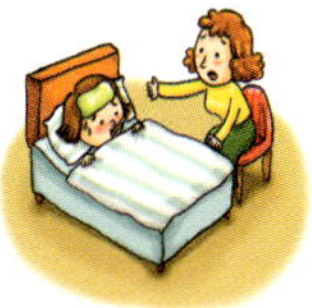

ill
[il] 힐
형 건강이 나쁜, 병든

ill ill ill ill ill ill ill

sick
[sik] 식

형 병든

sick   sick   sick   sick   sick

novel
[návəl] 나벌

형 새로운, 신기한
명 소설

novel   novel   novel

real
[rí:əl] 리-얼

형 실재하는, 현실의

real   real   real   real   real

empty
[émpti] 엠프티

형 빈, 공허한

empty   empty   empty

fool
[fú:l] 풀-

형 어리석은
명 바보

fool   fool   fool   fool   fool

형용사

stupid
[stjúːpid] 스튜-피드
형 어리석은

stupid stupid stupid

capable
[kéipəbl] 케이퍼블
형 유능한

capable capable capable

sure
[ʃuər] 슈어
형 확신하는,
틀림없는

sure sure sure sure

certain
[sə́ːrtn] 서-튼
형 확실한, 틀림없는

certain certain certain

ready
[rédi] 레디
형 준비된
타 준비하다

ready ready ready ready

every
[évri] 에브리

형 모든, 일체의

every every every every

all
[ɔːl] 올-

형 모든

all all all all all all all

first
[fəːrst] 퍼-스트

형 첫째의, 최초의

first first first first first

central
[séntrəl] 센트럴

형 중심의

central central central

just
[dʒʌst] 저스(트)

형 올바른
부 정확히, 다만

just just just just just

fair

[fɛər] 페어

형 공정한

fair   fair   fair   fair   fair

---

straight

[streit] 스트레이트

형 곧은, 똑바른

straight   straight   straight

right

[rait] 라이트

형 바른, 오른쪽의
부 바르게

right   right   right   right

left

[left] 레프트

형 왼쪽의
부 왼쪽에 명 왼쪽

left   left   left   left   left

both

[bouθ] 보우스

형 양쪽의
대 둘 다

both   both   both   both

other
[ʌ́ðər] 어더
형 그 밖의

other   other   other   other

next
[nekst] 넥스트
형 다음의

next   next   next   next

last
[læst] 래스트
형 마지막의

last   last   last   last   last

extra
[ékstrə] 엑스트러
형 여분의, 특별한

extra   extra   extra   extra

aware
[əwέər] 어웨어
형 알아차리고

aware   aware   aware

popular
[pápjulər] 파퓰러

형 민중의, 인기 있는

popular popular popular

civil
[sívəl] 시빌

형 시민의

civil civil civil civil

moral
[mɔ́ːrəl] 모-럴

형 도덕의

moral moral moral

some
[sʌ́m] 섬

형 어떤, 어느

some some some

usual
[júːʒuəl] 유-주얼

usually

형 보통의

usual usual usual usual

casual
[kǽʒuəl] 캐주얼

형 우연의, 되는 대로의

casual   casual   casual

brief
[briːf] 브리—프

형 잠시의, 간결한

brief   brief   brief   brief

FUTURE
PRESENT
PAST

present
[préznt] 프레즌트

형 출석한, 현재의
명 현재, 선물

present   present   present

absent
[ǽbsənt] 앱슨트

형 부재의, 결석한
타 결석하다

absent   absent   absent

◆ 앞에서 배운 단어를 생각나는 대로 다시 따라 써 보세요.

197

3 재미있는 영단어 게임

A 단어의 첫 알파벳을 대문자와 소문자를 써 보세요.

❶  ❷  ❸  ❹

B 고양이가 파이를 먹으러 가요. 가는 길에 빠진 알파벳 글자를 쓰세요.

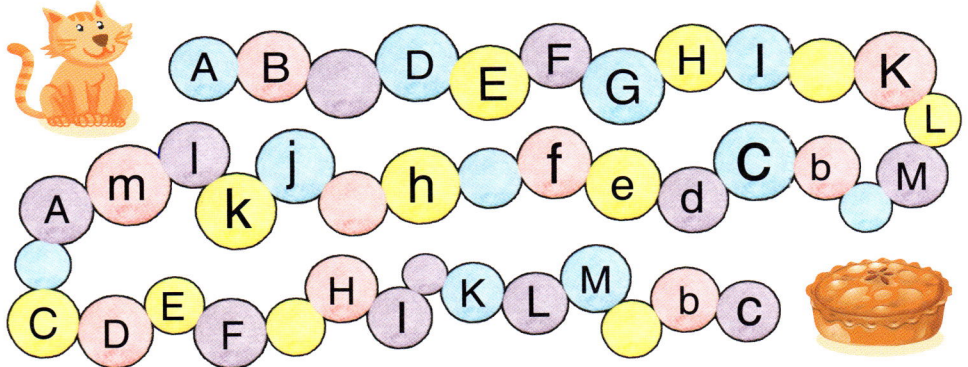

C 다음 그림을 보고 빈칸과 단어를 올바르게 연결하세요.

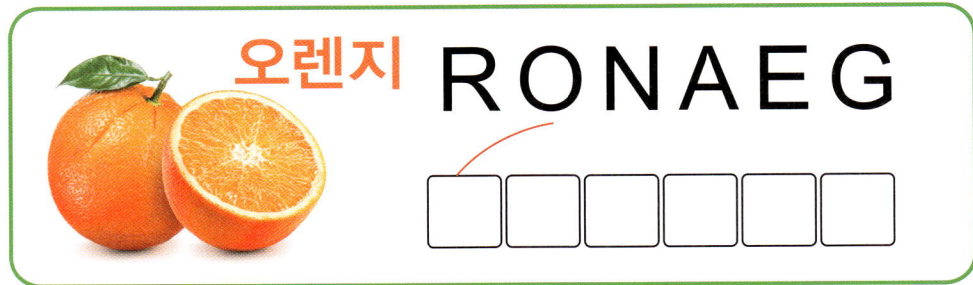

오렌지 RONAEG

제4장

동사

ivy

zuccini

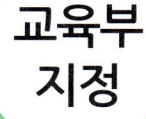

교육부
지정

day 68 동사

그림을 보며 단어를 익힌 후, 빈칸에 단어를 따라 써 보세요.

be
[bi] 비
자 ~이다, 있다

be be be be be be

become
[ɔikʌm] 비컴
자 타 ~이 되다

become become become

do
[duː] 두-
동 하다

do do do do do do

like
[laik] 라이크
자 좋아하다
형 비슷한

like like like like like

enjoy
[indʒɔ́i] 인조이
타 즐기다

enjoy enjoy enjoy enjoy

please
[pliːz] 플리-즈

타 자 기쁘게하다

please   please   please

smile
[smail] 스마일

자 미소짓다 명 미소

smile   smile   smile

laugh
[læf] 래프

자 타 웃다, 비웃다

laugh   laugh   laugh

cry
[krai] 크라이

자 타 소리치다,
울다

cry   cry   cry   cry

bark
[baːrk] 바-크

자 짖다

bark   bark   bark

show
[ʃou] 쇼우

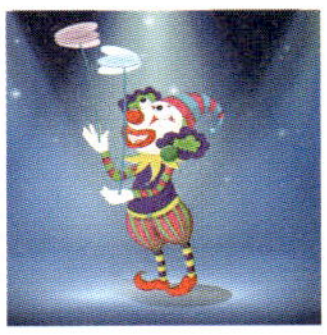

타 자 보이다

show show show show

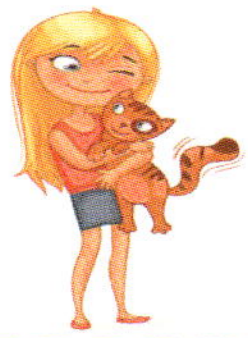

feel
[fiːl] 필−

타 만져보다, 느끼다

feel feel feel feel

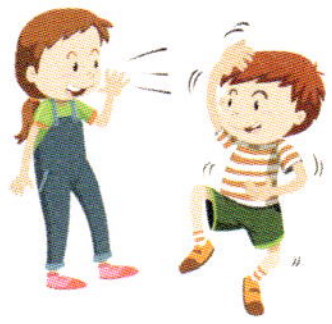

say
[sei] 쎄이

타 자 말하다

say say say say

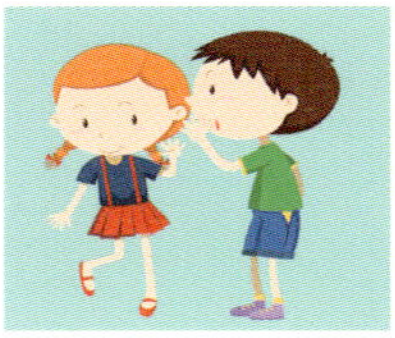

talk
[tɔːk] 토−크

자 타 말하다

talk talk talk talk

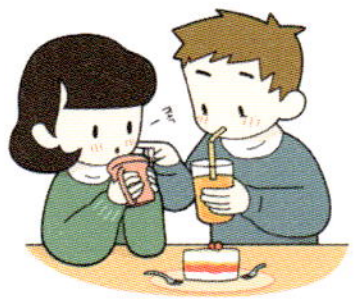

tell
[tel] 텔

타 자 말하다, 이야기하다

tell tell tell tell tell

speak
[spi:k] 스피-크

자 타 이야기하다

speak speak speak

hear
[hiər] 히어

타 자 듣다, 들리다

hear hear hear hear

listen
[lísn] 리슨

자 듣다

listen listen listen listen

see
[si:] 씨-

타 자 보다

see see see see see

look
[luk] 룩

자 보다

look look look look look

eat
[iːt] 이-트
타 자 먹다

eat   eat   eat   eat   eat

sit
[sit] 씻
자 앉다

sit   sit   sit   sit   sit   sit

stand
[stænd] 스탠드
자 서다, 세우다

stand   stand   stand   stand

drink
[driŋk] 드링크
타 자 마시다
명 음료

drink   drink   drink   drink

cook
[kuk] 쿡
타 요리하다
명 요리사

cook   cook   cook   cook

wear
[wɛər] 웨어

타 입다, 착용하다

wear   wear   wear   wear

sleep
[sliːp] 슬리-프

자 잠자다
명 수면

sleep   sleep   sleep   sleep

wake
[weik] 웨이크

자 깨다, 일어나다

wake   wake   wake   wake

play
[plei] 플레이

타 자 놀다,
상연하다 명 놀이

play   play   play   play

read
[riːd] 리-드

타 자 읽다

read   read   read   read

동사

write
[ráit] 라이트
타 자 쓰다

write　write　write　write

walk
[wɔːk] 워-크
자 타 걷다

walk　walk　walk　walk

run
[rʌn] 런
자 달리다
명 달리기

run　run　run　run　run　run

jump
[dʒʌp] 점프
자 뛰다 명 도약

jump　jump　jump　jump

throw
[θrou] 스로우
타 던지다
명 던지기

throw　throw　throw　throw

ride
[raid] 라이드

자 타 타다, 타고
가다

ride   ride   ride   ride   ride

stop
[staːp] 스탑－

타 자 멈추다, 서다
명 멈춤

stop   stop   stop   stop

make
[meik] 메이크

타 만들다, 준비하다

make   make   make   make

paint
[peint] 페인트

타 그리다 명 페인트

paint   paint   paint   pain

drive
[draiv] 드라이브

타 자 운전하다,
드라이브하다

drive   drive   drive   drive

애시

spell

[spel] 스펠

타 자 (낱말을) 철자하다

spell   spell   spell   spell

count

[kaunt] 카운트

타 자 수를 세다, 계산하다

count   count   count   count

go

[gou] 고우

자 가다

go   go   go   go   go   go   go

come

[kʌm] 컴

자 오다, ~이 되다

come   come   come   come

bring

[briŋ] 브링

타 가지고 오다

bring   bring   bring   brin

buy

[bai] 바이

타 사다

buy   buy   buy   buy   buy

sell

[sel] 셀

타 자 팔다, 팔리다
명 판매

sell   sell   sell   sell   sell

give

[giv] 기브

타 자 주다, 선사하다

give   give   give   give

get

[get] 겥

타 자 얻다

get   get   get   get   get

have

[hæv] 해브

타 가지고 있다, 받다,
먹다, 시키다

have   have   have   have

동사

take
[teik] 테이크

타 자 취하다, 받다

take | take | take | take

call
[kɔːl] 콜－

타 부르다

call | call | call | call | call

meet
[miːt] 미－트

타 자 만나다

meet | meet | meet | mee

ask
[æsk] 애스크

타 자 묻다, 물어보다

ask | ask | ask | ask | ask

answer
[ǽnsər] 앤서

자 대답하다
명 대답

answer | answer | answer

live
[liv] 리브

자 살다
형 살아있는

live　live　live　live　live

die
[dai] 다이

자 죽다

die　die　die　die　die

help
[help] 헬프

타 자 돕다, 거들다

help　help　help　help

assist
[əsíst] 어시스트

타 자 돕다

assist　assist　assist

close
[klouz] 클로우즈

타 닫다, 막다

close　close　close　close

동사

211

shut
[ʃʌt] 셧
타 닫다

shut   shut   shut   shut

open
[óupən] 오우펀
자 타 열다
명 열린

open   open   open   open

cover
[kʌ́vər] 커버
타 덮다, 싸다

cover   cover   cover   cover

kick
[kik] 킥
타 자 차다

kick   kick   kick   kick

catch
[kætʃ] 캐취
타 자 붙잡다,
따르다

catch   catch   catch   catch

hold
[hould] 호울드

타 자 들다,
잡고 있다

hold   hold   hold   hold   hold

fix
[fiks] 픽스

타 자 고정시키다,
고정하다

fix   fix   fix   fix   fix   fix   fix

climb
[klaim] 클라임

타 자 오르다,
기어오르다

climb   climb   climb   climb

fall
[fɔːl] 폴-

자 떨어지다,
내리다

fall   fall   fall   fall   fall

build
[bild] 빌드

타 자 짓다,
세우다

build   build   build   build

동사

213

cut
[kʌt] 커트
타 베다, 자르다

cut   cut   cut   cut   cut

hit
[hit] 힡
타 때리다, 치다

hit   hit   hit   hit   hit   hit

beat
[biːt] 비-트
타 자 치다,
두드리다, 때리다

beat   beat   beat   beat

knock
[nak] 낙
타 자 치다, 두드리다

knock   knock   knock

strike
[straik] 스트라이크
타 자 치다, 때리다

strike   strike   strike   strike

draw
[drɔː] 드로－

타 자 끌다, 그리다

draw   draw   draw   draw

pull
[pul] 풀

타 끌다
명 당김

pull   pull   pull   pull

attract
[ətrǽkt] 어트랙트

타 끌다, 유인하다

attract   attract   attract

push
[puʃ] 푸시

자 밀다 명 밀기

push   push   push

press
[pres] 프레스

타 자 누르다
명 압박

press   press   press   press

break
[breik] 브레이크

타 자 부수다,
부서지다

break break break break

defeat
[difíːt] 디피ー트

타 쳐부수다,
지우다

defeat defeat defeat

slide
[slaid] 슬라이드

자 미끄러지다
명 미끄럼틀

slide slide slide slide

tie
[tai] 타이

타 자 매다
명 넥타이

tie tie tie tie tie

bend
[bend] 벤드

타 구부리다

bend bend bend bend

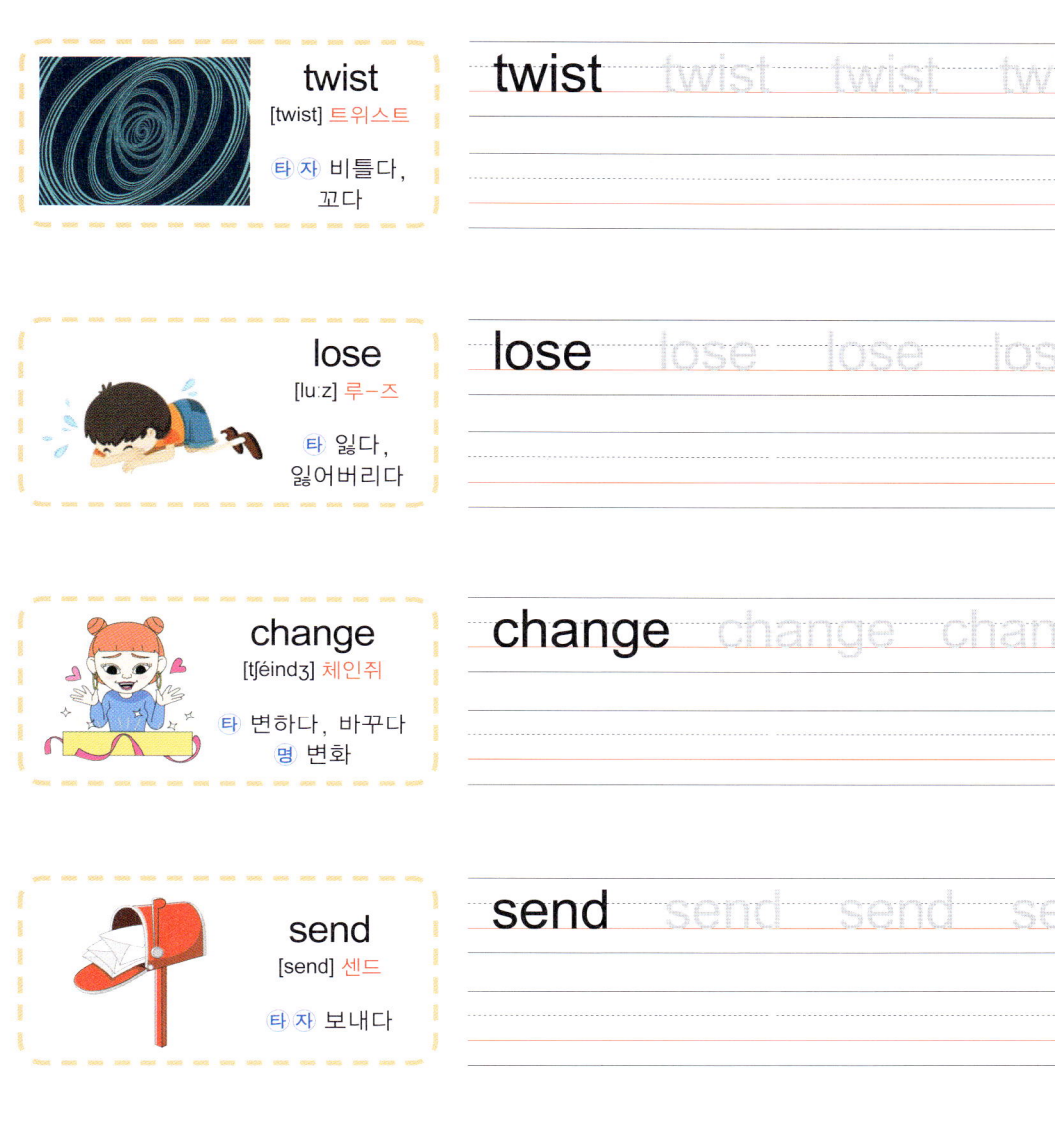

twist
[twist] 트위스트

타 자 비틀다,
꼬다

twist   twist   twist   twist

lose
[luːz] 루-즈

타 잃다,
잃어버리다

lose   lose   lose   lose

change
[tʃéindʒ] 체인쥐

타 변하다, 바꾸다
명 변화

change   change   change

send
[send] 센드

타 자 보내다

send   send   send   send

hide
[haid] 하이드

타 자 숨다, 숨기다

hide   hide   hide   hide

동사

day 77

keep
[ki:p] 키―프

타 자 지키다,
보유하다

keep   keep   keep   keep

pay
[pei] 페이

타 자 치르다,
지불하다 명 지불

pay   pay   pay   pay   pay

miss
[mis] 미스

타 자 놓치다

miss   miss   miss   miss

return
[ritə́:rn] 리턴―

자 타 되돌아가다,
돌려주다

return   return   return   return

repeat
[ripí:t] 리피―트

타 되풀이하다
명 반복

repeat   repeat   repeat

begin
[bigín] 비긴

자 타 시작하다, 시작하다

begin   begin   begin   begin

finish
[fíniʃ] 피니시

타 자 끝내다, 완성하다, 끝나다

finish   finish   finish   finish

leave
[liːv] 리-브

타 떠나다, 남기다, 그만두다

leave   leave   leave   leave

arrive
[əráiv] 어라이브

자 도착하다

arrive   arrive   arrive   arrive

stay
[stei] 스테이

자 타 머무르다

stay   stay   stay   stay   stay

동사

visit

[vízit] 비짓

타 자 방문하다
명 방문

visit   visit   visit   visit   visit

find

[faind] 파인드

타 자 찾아내다,
발견하다

find   find   find   find   find

wait

[weit] 웨이트

자 기다리다

wait   wait   wait   wait   wait

teach

[tiːtʃ] 티−취

타 자 가르치다

teach   teach   teach   teach

learn

[ləːrn] 런−

타 자 배우다, 익히다

learn   learn   learn   learn

marry

[mǽri] 매리

타 자 결혼하다

marry marry marry marry

carry

[kǽri] 캐리

타 자 나르다,
운반하다

carry carry carry carry

wash

[wɑːʃ] 와-쉬

타 자 씻다, 빨다
명 세탁

wash wash wash wash

smell

[smel] 스멜

타 냄새맡다
명 냄새

smell smell smell smell

win

[win] 윈

타 자 이기다
명 승리

win win win win win

동사

record
[rikɔ́ːrd] 리코-드

타 기록하다, 녹음하다

record   record   record

print
[prínt] 프린트

타 인쇄하다
명 인쇄

print   print   print   print

shoot
[ʃuːt] 슈-트

타 사격하다, 쏘다

shoot   shoot   shoot   shoot

burn
[bɜːrn] 번-

타 자 태우다, 타다
명 화상

burn   burn   burn   burn

boil
[bɔil] 보일

자 타 끓다, 끓이다

boil   boil   boil   boil   boil

spend
[spend] 스펜드

자 타 ~을 쓰다,
소비하다

spend　　spend　　spend

waste
[weist] 웨이스트

타 자 낭비하다
명 거친

waste　waste　waste

relate
[riléit] 릴레이트

타 이야기하다,
관계시키다

relate　relate　relate

shout
[ʃaut] 샤우트

자 외치다, 큰소리를 내다

shout　shout　shout

swing
[swiŋ] 스윙

자 흔들리다
명 동요, 흔들림

swing　swing　swing

동사

blow
[blou] 블로우

자 타 불다,
바람에 날리다

blow blow blow blow

fill
[fil] 필

타 자 채우다,
가득차다

fill fill fill fill fill

mix
[miks] 믹스

타 섞다, 혼합하다

mix mix mix mix mix

put
[put] 풋

타 놓다, 넣다

put put put put put

charge
[tʃɑːrdʒ] 차ー지

타 짐을 싣다,
청구하다

charge charge charge

feed
[fiːd] 피–드

타 자 먹이를 주다
명 사료

feed   feed   feed   feed

choose
[tʃuːz] 추–즈

타 자 고르다,
선택하다

choose   choose   choose

know
[nou] 노우

타 자 알다, 이해하다

what?

know   know   know   know

direct
[dirékt] 디렉트

타 지도하다
명 직접의

direct   direct   direct

follow
[fálou] 팔로우

타 자 ~의 뒤를 잇다, 따르다

follow   follow   follow

enter
[éntər] 엔터
타 ~에 들어가다

enter enter enter enter

grow
[grou] 그로우
자 타 성장하다,
키우다

grow grow grow grow

awake
[əwéik] 어웨이크
타 일으키다
자 눈뜨다

awake awake awake

let
[let] 렛
타 ~에게 시키다,
허락하다

let let let let let let let

join
[dʒɔin] 조인
타 자 결합하다,
합치다

join join join join join

invite
[inváit] 인바이트

타 초청하다

invite · invite invite invite

mean
[miːn] 민-

타 의미하다

mean · mean mean mean

forget
[fərgét] 퍼겟

타 잊어버리다

forget · forget forget

hate
[heit] 헤이트

타 미워하다, 싫어하다

hate · hate hate hate hate

reject
[ridʒékt] 리젝트

타 거절하다

reject · reject reject reject

동사

admit

[ǽdmít] 애드밋

타 자 허락하다,
인정하다

admit   admit   admit   admit

want

[wɔːnt] 원트

타 원하다

want   want   want   want

think

[θiŋk] 씽크

타 자 생각하다,
상상하다

think   think   think   think

move

[muːv] 무-브

타 자 움직이다,
감동시키다 명 움직임

move   move   move   move

worry

[wə́ːri] 워-리

타 자 걱정하다,
괴롭히다

worry   worry   worry   worry

amaze
[əméiz] 어메이즈

타 몹시 놀라게하다

amaze   amaze   amaze

confuse
[kənfjúːz] 컨퓨-즈

타 혼동하다,
혼란시키다

confuse   confuse   confuse

happen
[hǽpən] 해펀

자 일어나다,
발생하다

happen   happen   happen

compose
[kəmpóuz] 컴포우즈

타 자 구성하다,
조립하다

compose   compose

excuse
[ikskjúːz] 익스큐-즈

타 용서하다,
변명하다

excuse   excuse   excuse

동사

decide
[disáid] 디사이드
타 자 결정하다,
해결하다

decide　decide　decide

argue
[áːrgjuː] 아-규-
자 논하다

argue　argue　argue

apply
[əplái] 어플라이
타 자 적용하다,
신청하다

apply　apply　apply

betray
[bitréi] 비트레이
타 배반하다

betray　betray　betray

boast
[boust] 보우스트
자 자랑하다

boast　boast　boast

claim
[kleim] 클레임

타 자 요구하다, 청구하다
명 요구, 청구

claim　　claim　　claim　　claim

depend
[dipénd] 디펜드

자 의존하다

depend　　depend　　depend

commit
[kəmít] 커밋

타 저지르다,
위임하다

commit　　commit　　commit

insult
[insʌlt] 인설트

타 모욕하다
명 모욕

insult　　insult　　insult　　insult

excite
[iksáit] 익사이티

타 자극하다, 흥분시키다

excite　　excite　　excite　　excite

동사

day
84

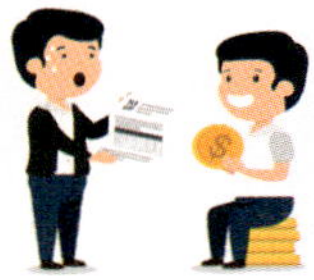

regard
[rigá:rd] 리가아드
타 자 주목하다,
~으로 여기다

regard regard regard

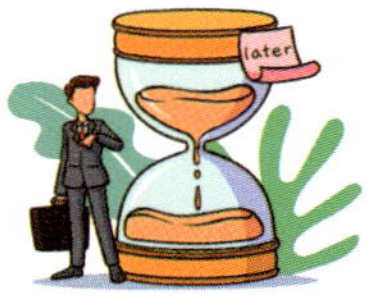

delay
[diléi] 딜레이
자 지연시키다

delay delay delay delay

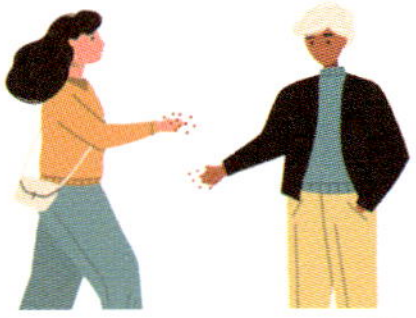

avoid
[əvɔ́id] 어보이드
타 피하다

avoid avoid avoid avoid

◈ 앞에서 배운 단어를 생각나는 대로 다시 따라 써 보세요.

제5장

관사, 조동사, 접속사, 대명사, 전치사, 부사

교육부
지정

 관사

◆ 그림을 보며 단어를 익힌 후, 빈칸에 단어를 따라 써 보세요. 🎧

a
[a] 에이, 어

관 하나의, 어떤, 일종의

a a a a a a a a a a a a a

an
[ən] 언

관 하나의, 어떤

an an an an an an

the
[ðə] 더, 디

관 그, 저, 이

the the the the the the

◆ 앞에서 배운 단어를 생각나는 대로 다시 따라 써 보세요.

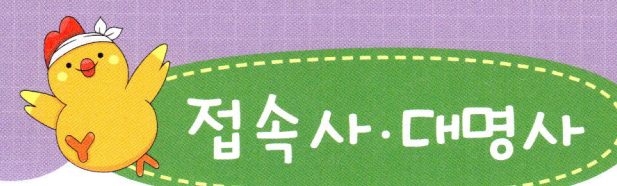

접속사·대명사

◆ 그림을 보며 단어를 익힌 후, 빈칸에 단어를 따라 써 보세요.

and
[ænd] 앤드

접 그리고, 또한

and   and   and   and   and

but
[bət] 벗

접 그러나   부 다만

but   but   but   but   but

or
[ər] 오어

접 혹은, 또는

or   or   or   or   or   or

because
[bikɔ́ːz] 비코-즈

접 왜냐하면,
～때문에

because   because

if
[if] 이프

접 만약 ～라면

if   if   if   if   if   if   if   if   if

than
[ðæn] 댄

접 전 ~보다

than   than   than   than

though
[ðou] 도우

접 ~에도 불구하고

though   though   though

yet
[jet] 옛

부 아직   접 그러나

yet   yet   yet   yet   yet

I
[ai] 아이

대 나는, 내가

I

you
[juː] 유-

대 당신

you   you   you   you   you

we
[wi:] 위ㅡ
대 우리

we　we　we　we　we

she
[ʃi:] 쉬ㅡ
대 그 여자

she　she　she　she　she

he
[hi:] 히ㅡ
대 그 사람

he　he　he　he　he　he

it
[it] 잇
대 그것

it　it　it　it　it　it　it　it

this
[ðis] 디스
대 이것

this　this　this　this

관사·접속사·대명사·전치사·부사·조동사

that
[ðæt] 댇

대 저것, 그것

that   that   that   that   that

they
[ðei] 데이

대 그들

they   they   they   they

what?

what
[hwɑt] 왓

대 무엇, 얼마
형 무슨, 어떤

what   what   what   what

why?

why
[hwai] 화이

부 왜

why   why   why   why   why

who?

who
[hu:] 후-

대 누구, 어떤 사람

who   who   who   who   who

when
[hwen] 훼
부 대 언제
접 ~할 때

when when when

where
[hwɛər] 훼어
부 어디에

where where

which
[hwitʃ] 휘치
대 어느쪽
형 어느쪽의

which which which

any
[əni] 에니
형 대 무엇이나,
누구나

any any any any

nobody
[nóubàdi] 노우바디
대 아무도 ~않다

nobody

 전치사

◆ 그림을 보며 단어를 익힌 후, 빈칸에 단어를 따라 써 보세요.

of
[əv] 어브
전 ~의의, ~중에서

of   of   of   of   of   of   of

for
[fər] 퍼
전 ~을 위하여

for   for   for   for   for   for

by
[bai] 바이
전 ~에 의해

by   by   by   by   by   by

about
[əbáut] 어바웃
전 ~에 대하여

about   about   about   about

to
[tu] 투
전 ~으로, ~에게, ~쪽으로

to   to   to   to   to   to   to

from
[frəm] 프럼

전 ~에서, ~으로부터

from ~~from~~ ~~from~~ ~~from~~

with
[wíð] 위드

전 ~와 함께

with ~~with~~ ~~with~~ ~~with~~ ~~with~~

before
[bifɔ́ːr] 비포-

전 ~의 앞에
부 앞쪽에

before ~~before~~ ~~before~~

after
[ǽftər] 애프터

전 접 ~의 뒤에, 후에

after ~~after~~ ~~after~~ ~~after~~

in
[in] 인

전 접 ~안에, 안으로

in ~~in~~ ~~in~~ ~~in~~ ~~in~~ ~~in~~ ~~in~~ ~~in~~

관사·접속사·대명사·전치사·부사·조동사

day 89

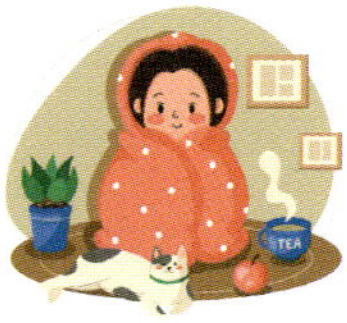

into

[íntu] 인투

전 ~속으로

into into into into into

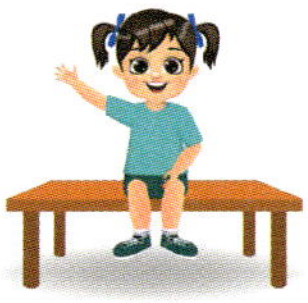

on

[ən] 온

전 ~위에, ~에

on on on on on on

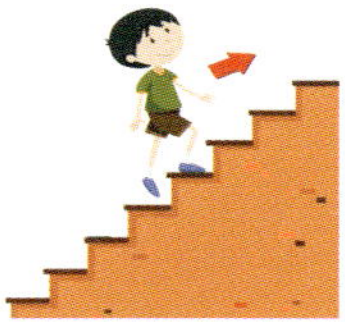

up

[ʌp] 업

부 위로

전 ~의 위에

up up up up up up

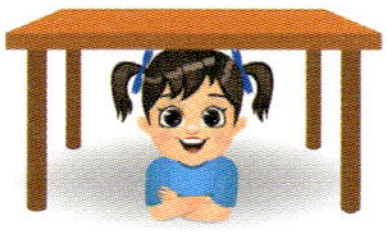

under

[ʌndər] 언더

전 ~의 아래에

부 아래에

under under under

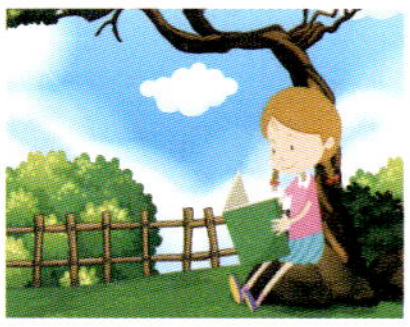

below

[bilóu] 빌로우

전 ~의 아래에

부 아래로

below below below

beside
[bisáid] 비사이드
전 ~의 곁에

beside   beside   beside

at
[æt] 앳
전 ~에, ~에서

at   at   at   at   at   at

till
[til] 틸
전 ~까지

till   till   till   till   till   till

until
[əntíl] 언틸
전 ~까지

until   until   until

over
[óuvər] 오우버
전 위에, ~을 넘어 부 끝나고

over   over   over   over

관사·접속사·대명사·전치사·부사·조동사

243

without
[wiðáut]
위드아웃

전 ~없이

without without without

among
[əmʌ́ŋ] 어멍
전 ~의 사이에

among among among

between
[bitwíːn] 비트윈–

전 ~사이를
부 ~사이에

between between

beyond
[biánd] 비안드

전 ~을 넘어서,
저쪽에

beyond beyond beyond

along
[əlɔ́ːŋ] 어롱–

전 ~을 따라서

along along along along

부사

◆ 그림을 보며 단어를 익힌 후, 빈칸에 단어를 따라 써 보세요. 🎧

too
[tuː] 투-

부 또한, 역시

too   too   too   too   too

very
[véri] 베리

부 매우, 아주, 대단히

very   very   very   very

well
[wel] 웰

부 잘, 훌륭히
명 샘

well   well   well   well   well

early
[ə́ːrli] 얼-리

부 일찍

early   early   early   early

now
[nau] 나우

부 지금

now   now   now   now   now

day 91

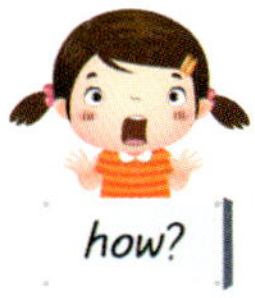

how
[hau] 하우
부 어떻게, 얼마나

how how how how how

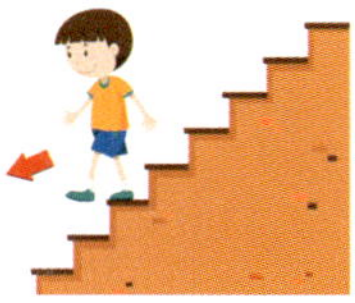

down
[daun] 다운
부 아래로

down down down down

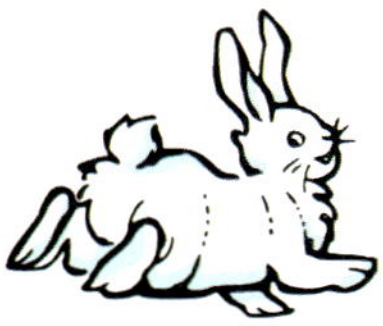

back
[bæk] 백
부 뒤로 형 뒤의

back back back back

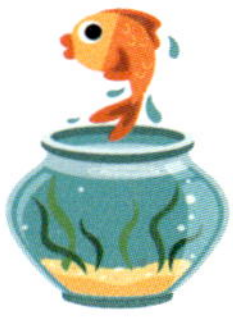

out
[aut] 아웃
부 밖으로, 밖에
형 밖의

out out out out out

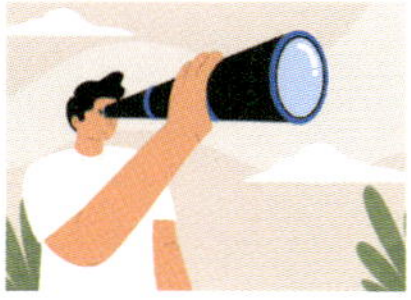

far
[faːr] 파–
부 멀리 형 먼

far far far far far far

near
[niər] 니어

부 가까이

near   near   near   near

yes
[jes] 예쓰

부 예, 그렇습니다

yes   yes   yes   yes   yes

no
[nou] 노우

부 아니, 아니오

no   no   no   no   no   no

okay
[óukéi] 오우케이

부 좋아

okay   okay   okay   okay

here
[hiər] 히어

부 여기에, 여기서

here   here   here   here

관사·접속사·대명사·전치사·부사·조동사

247

day 92

there
[ðέər] 데어

부 거기에, 그곳에서

there　there　there　there

always
[ɔ́lweiz] 올−웨이즈

부 항상, 언제나

always　always　always

really
[ríːəli] 리−얼리

부 정말로, 실제로, 참으로

really　really　really　really

again
[əgén] 어게인

부 다시, 한번 더

again　again　again　again

soon
[suːn] 순−

부 이내, 곧

soon　soon　soon　soon

so
[souː] 쏘우–

부 그와같이, 그렇게
감 설마, 그래

so   so   so   so   so   so

quite
[kwait] 콰이트

부 아주, 완전히

quite   quite   quite   quite

once
[wʌns] 원스

부 한 번, 일찍이,
일단

once   once   once   once

already
[ɔːlrédi] 올–레디

부 이미, 벌써

already   already   already

often
[ɔːftn] 오–펀

부 종종

often   often   often   often

관사·접속사·대명사·전치사·부사·조동사

ahead
[əhéd] 어헤드

㉑ 앞쪽에, 전방에

ahead　ahead　ahead

away
[əwéi] 어웨이

㉑ 떨어져서, 멀리

away　away　away　away

apart
[əpá:rt] 어파ー트

㉑ 떨어져서, 따로

apart　apart　apart　apart

across
[əkrɔ́:s] 어크로ー스

㉑ 건너서
㉓ ~의 저쪽에

across　across　across

behind
[biháind] 비하인드

㉑ 뒤에, 나중에

behind　behind　behind

ago
[əgóu] 어고우
부 (지금부터)~전에

ago   ago   ago   ago   ago

around
[əráund] 어라운드
부 주위에
접 ~을 돌아

around   around   around

as
[æz] 애즈
부 ~와 같이
접 ~이므로

as   as   as   as   as   as

off
[ɔːf] 오-프
부 떨어져
전 ~로부터 벗어나

off   off   off   off   off

never
[névər] 네버
부 결코 ~하지 않다

never   never   never   never

관사·접속사·대명사·전치사·부사·조동사

 조동사

◆ 그림을 보며 단어를 익힌 후, 빈칸에 단어를 따라 써 보세요. 🎧

must
[məst] 머스트
조 ~해야 한다

must　must　must　must

may
[mei] 메이
조 ~해도 좋다,
~일지도 모른다

may　may　may　may

will
[wəl] 윌
조 ~일 것이다

will　will　will　will

shall
[ʃəl] 섈
조 ~일 것이다

shall　shall　shall

◆ 앞에서 배운 단어를 생각나는 대로 다시 따라 써 보세요.

부록

한글 영어 발음표기
영어 찾아보기
한글 찾아보기

 한글 **모음**을 알파벳으로 표기하면…

ㅏ	ㅑ	ㅒ	ㅖ	ㅓ	ㅕ	ㅔ	ㅖ
a	ya	ae	yae	eo	yeo	e	ye
ㅗ	ㅘ	ㅚ	ㅙ	ㅛ	ㅜ	ㅟ	ㅝ
o	wa	oe	wae	yo	u	wi	wo
ㅞ	ㅠ	ㅡ	ㅣ	ㅢ			
we	yu	eu	i	ui			

한글 **자음**을 알파벳으로 표기하면…

ㄱ	ㄲ	ㅋ	ㄷ	ㄸ	ㅌ	ㅂ	ㅃ
g/k	kk	k	d/t	tt	t	b/p	pp
ㅍ	ㅈ	ㅉ	ㅊ	ㅅ	ㅆ	ㅎ	ㅁ
p	j	jj	ch	s	ss	h	m
ㄴ	ㅇ	ㄹ					
n	ng	r/l					

가	갸	거	겨	고	교	구	규	그	기
ga	gya	geo	gyeo	go	gyo	gu	gyu	geu	gi
나	냐	너	녀	노	뇨	누	뉴	느	니
na	nya	neo	nyeo	no	nyo	nu	nyu	neu	ni
다	댜	더	뎌	도	됴	두	듀	드	디
da	dya	deo	dyeo	do	dyo	du	dyu	deu	di
라	랴	러	려	로	료	루	류	르	리
la	lya	leo	lyeo	lo	lyo	lu	lyu	leu	li
마	먀	머	며	모	묘	무	뮤	므	미
ma	mya	meo	myeo	mo	myo	mu	myu	meu	mi
바	뱌	버	벼	보	뵤	부	뷰	브	비
ba	bya	beo	byeo	bo	byo	bu	byu	beu	bi
사	샤	서	셔	소	쇼	수	슈	스	시
sa	sya	seo	syeo	so	syo	su	syu	seu	si
아	야	어	여	오	요	우	유	으	이
a	ya	eo	yeo	o	yo	u	yu	eu	i
자	쟈	저	져	조	죠	주	쥬	즈	지
ja	jya	jeo	jyeo	jo	jyo	ju	jyu	jeu	ji
차	챠	처	쳐	초	쵸	추	츄	츠	치
cha	chya	cheo	chyeo	cho	chyo	chu	chyu	cheu	chi
카	캬	커	켜	코	쿄	쿠	큐	크	키
ka	kya	keo	kyeo	ko	kyo	ku	kyu	keu	ki
타	탸	터	텨	토	툐	투	튜	트	티
ta	tya	teo	tyeo	to	tyo	tu	tyu	teu	ti
파	퍄	퍼	펴	포	표	푸	퓨	프	피
pa	pya	peo	pyeo	po	pyo	pu	pyu	peu	pi
하	햐	허	혀	호	효	후	휴	흐	히
ha	hya	heo	hyeo	ho	hyo	hu	hyu	heu	hi

255

영어 찾아보기

A

a _234
A.M. _119
about _240
absent _197
accent _170
across _250
act _143
address _141
admit 228
advice 154
afraid 189
after _241
afternoon _119
again _248
age _140
ago _251
ahead _250
air _100
airport _93
alarm _155
all _193
along _244
alphabet _103
already _249
always _248
amaze _229
among _244
an _234
and _235
anger _151
angry _177
animal _78
answer _210

any _239
apart _250
apartment _92
apple _83
apply _230
argue _230
arm _73
army _142
around _251
arrive _219
art _103
article _171
artist _107
as _251
ask _210
assist _211
at _243
attract _215
aunt _69
author _108
autumn _65
avoid _232
awake _226
aware _195
away _250
awful _189

B

baby _105
back _246
bad _176
bag _127
balance _136

ball _123
balloon _125
banana _83
band _135
bank _91
bark _201
base _166
basket _136
Bath _145
battle _150
be _200
beach _95
bear _79
beat _214
beautiful _178
because _235
become _200
bed _130
bee _82
beef _113
before _241
begin _219
behind _250
bell _124
below _242
belt _129
bench _130
bend _216
benefit _171
beside _243
betray _230
between _244
beyond _244
bicycle _87
big _174

bird _81
birthday _122
black _75
blow _224
blue _75
board _134
boast _230
boat _87
body _70
boil _222
bomb _157
book _123
both 194
bottle _134
bowl _112
box _136
boy _105
brave _188
bread _114
break _216
breakfast _117
bridge _91
brief _197
bright _183
bring _208
broom _138
brother _68
brown _76
brush _132
bubble _156
bug _81
build _213
burden _167
burn _222
bus _86

business _143
busy _180
but _235
butter _116
butterfly _82
button _129
buy _209
by _240

C

cake _116
call _210
camera _131
camp _145
can _135
candle _123
candy _115
cap _127
capable _192
capital _101
captain _110
car _133
card _124
care _154
career _167
carpet _133
carry _221
case _166
cash _139
casual _197
cat _78
catch _212
ceiling _170
center _163
central _193
certain _192
chair _130
chalk _134
chance _153
change _217
charge _224

charm _171
chat _149
cheap _188
cheek _71
cheese _114
chicken _113
chief _110
child _105
choice _153
choose _225
church _91
circle _141
citizen _110
civil _196
claim _231
class _141
classmate _109
clean _182
climb _213
clinic _167
clock _128
close _211
clothes _126
cloud _98
club _141
coat _126
coin _139
cold _184
college _142
color _75
comb _138
come _208
commit _231
company _142
complex _186
compose _229
concert _146
confuse _229
contest _150
control _147
cook_ 204
cool _183
copy _143

corner _164
count _208
country _101
course _165
cousin _69
cover _212
cow _79
crayon _133
cream _138
cross _165
cruel _189
cry _201
cup _117
cure _148
curtain _132
custom _168
cut _214

D

dad _68
dairy _93
dance _104
danger _153
dark _183
darling _178
date _121
daughter _69
day _121
deaf _190
dear _177
debate _149
decide _230
deep _187
deer _80
defeat _216
delay _232
dentist _107
depend _231
design _103
desk _130
dessert _115

detail _163
devil _111
dial _137
diary _135
die _211
dinner _118
direct _225
dirty _182
dish _112
do _200
doctor _107
dog _78
doll _124
dollar _139
dolphin _81
door _88
down _246
draw 215
dream _151
dress _126
drink _204
drive _207
drop _158
drum _157
dry _184
duck _80
duty _171

E

ear _71
early _245
earth _101
east _66
easy _185
eat _204
egg _114
eight _63
empty _191
end _165
enjoy _200
enough _188

enter _226
evening _120
every _193
evil _176
excite _231
excuse _229
extra _195
eye _71

F

face _70
fact _166
fair _194
fall _213
family _67
famous _188
far _246
farm _92
fast _180
fat _190
father _67
feed _225
feel _202
few _181
field _96
fight _150
fill _224
film _131
find _220
fine _175
finger _73
finish _219
first _193
fish _81
five _63
fix _213
flag _138
floor _89
flower _85
fly _82
follow _225

food _112
fool _191
foot _74
for _240
forget _227
four _62
free _178
fresh _179
friend _109
from _241
front _164
fruit _83
full _188
fun _144

G

game _144
garden _90
gate _88
gentle _178
get _209
gift _123
girl _106
give _209
glad _176
glass _117
glove _128
go _208
god _109
gold _77
golf _145
good _176
grandfather _68
grandmother _68
grape _83
grass _97
gray _76
great _176
green _76
ground _97
group _140

grow _226
guest _109
guide _109
guitar _104

H

hair _70
half _160
hall _89
hand _73
handle _156
happen _229
happy _177
hard _186
hat _127
hate _227
have _209
he _237
head _70
health _70
hear _203
heart _72
heat 100
heavy 187
help _211
hen _79
here _247
hero _111
hide _217
high _175
hiking _102
hill _96
hit _214
hold _213
hole _157
holiday _122
home _67
hope _151
horse _80
hose _128
hospital _91

hot _183
hour _122
house _88
how _246
hungry _187
hurry _155

I

I _236
ice _117
idea _153
if _235
ill _190
in _241
ink _137
insult _231
into _242
invite _227
island _100
it _237

J

job _143
join _226
joy _151
juice _116
jump _206
jungle _96
just _193

K

keep _218
key _135
kick _212
kid _105
kind _178
king _111

kiss _146
kitchen _89
kite _81
knee _73
knife _112
knock _214
know _225

L

lady _106
lake _96
lamp _136
land _100
large _174
last _195
late _180
laugh _201
lead _140
leaf _97
learn _220
leave _219
left _194
leg _73
lemon _83
lesson _142
let _226
letter _135
library _92
lie _146
life _151
light _152
like _200
line _157
lion _78
lip _72
listen _203
live _211
long _174
look _203
lose _217
lot _146

loud _185
love _152
low _175
luck _152
lunch _117

M

mad _189
mail _134
make _207
man _106
many _181
map _134
march _146
market _93
marry _221
matter _167
may _252
mean _227
meat _113
medal _137
meet _210
melon _84
meter _136
middle _164
milk _116
million _64
minute _122
mirror _131
Miss _107
miss _218
mix _224
model _169
moist _184
mom _68
money _138
month _121
mood _152
moon _99
moral _196
morning _119

mother _67
motor _168
mouse _80
mouth _71
move _228
movie _104
Mr. _106
Mrs. _107
Mt. _95
much _181
music _103
must _252

N

name _140
narrow _181
nation _110
near _247
neck _72
need _155
never _251
new _179
news _165
next _195
nice _175
night _120
nine _63
no _247
nobody _239
noise _168
north _66
nose _71
note _148
novel _191
now _245
number _62
nurse _108
nut _115

O

object _167
o'clock _119
of _240
off _251
often _249
oil _158
okay _247
old _179
on _242
once _249
one _62
open _212
opera _104
or _235
orange _84
orientation _66
other _195
out _246
over _243

P

P.M. _120
page _161
paint _207
pair _160
pants _126
paper _133
pardon _154
parent _67
park _92
pass _147
paste _156
pay _218
peace _152
peach _84
pear _84
pen _124
pencil _125
people _105

phone _131
piano _104
pick _153
picnic _102
picture _103
piece _160
pig _79
pilot _108
pin _137
pink _76
pipe _158
pity _154
place _88
plan _148
plane _86
plant _97
play _205
please 201
pocket _129
point _165
police _108
pool _96
poor _185
popular _196
post _158
poster _159
potato _113
practice _168
present _197
press _215
pretty _177
print _222
proof _168
pull _215
push _215
put _224

Q

quality _169
quarrel _150
queen _111

quick _180
quiet _185
quite _249

R

rabbit _79
radio _131
rain _99
raw _189
read _205
ready _192
real _191
really _248
record _222
red _76
regard _232
reject _227
relate _223
repeat _218
rest _149
return _218
ribbon _124
rice _114
rich _184
ride _207
right _194
ring 129
river _95
road _94
robot _159
rock _97
rocket _159
rod _158
roll _149
roof _90
room _89
rose _85
round _182
rule _142
ruler _110
run _206

S

sad _177
safe _187
salad _113
salt _115
same _182
sand _100
say _202
school _91
score _144
season _65
seat _169
see _203
sell _209
send _217
set _160
seven _63
shall _252
shape _169
she _237
sheep _80
sheet _132
ship _87
shirt _126
shoe _127
shoot _222
shop _94
short _175
shout _223
show _202
shower _99
shut _212
sick _191
side _164
sight _161
sign _163
silver _77
simple _186
sister _69
sit _204
six _63
size _162

skirt _127
sky _98
sleep _205
slide _216
slow _180
small _174
smell _221
smile _201
smoke _159
snow _99
so _249
soap _132
soccer _144
sock _128
soft _186
some _196
son _69
song _104
soon _248
sorry _179
sort _163
sound _161
soup _114
south _66
space _88
speak _203
speed _162
spell _208
spend _223
spoon _112
sport _144
spring _65
square _169
stair _90
stamp _137
stand _204
star _98
start _147
station _94
stay _219
steam _159
step _162
stick _156

still _185
stone _98
stop _207
store _94
story _149
stove _133
straight _194
street _94
strike _214
strong _187
student _108
study _148
stupid _192
style _161
subject _171
subway _86
sugar _115
suit _160
summer _65
sun _98
supper _118
sure _192
sweet _186
swim _145
swing _223

T

table _130
take _210
talk _202
tall _174
taste _161
taxi _86
teach _220
team _141
tear _162
tell _202
temple _92
ten _64
tennis _145
test _147

than _236
thank _154
that _238
the _234
there _248
they _238
thick _182
thief _111
think _228
thirsty _190
this _237
though _236
three _62
throw _206
ticket _156
tie _216
tiger _78
till _243
time _119
tired _190
to _240
today _120
tonight _120
too _245
tooth _72
top _164
topic _166
touch _148
towel _132
town _101
toy _123
train _86
travel _102
tree _95
trip _102
truck _87
try _147
tulip _85
twist _217
two _62

U

uncle _69
under _242
until _243
up _242
use _170
usual _196

V

very _245
village _93
violet _85
visit _220
voice _163
volume _166

W

wait _220
wake _205
walk _206
wall _90
want _228
warm _183
wash _221
waste _223
watch _128
water _116
way _170
we _237
wear _205
week _121
weight _170
well _245
west _66
wet _184
what _238
when _239
where _239

which _239
white _75
who _238
why _238
wide _181
will _252
win _221
wind _99
window _89
wing _157
winter _65
with _241
without _244
woman _106
wonder _155
wood _95
word _162
work _143
world _101
worry _228
write _206

Y

yard _90
year _121
yellow _75
yes _247
yet _236
you _236
young _179
zero _64
zone _140
zoo _93

한글 찾아보기

ㄱ

가게, 공장 _94
가게, 저장 _94
가까이 _247
가난한 _185
가다 _208
가르치다 _220
가방 _127
가을 _65
가정 _67
가족 _67
가지고 오다 _208
가지고 있다, 받다 _209
간단한, 단순한 _186
간호사 _108
갈색, 갈색의 _76
감사, 감사하다 _154
감자 _113
값싼 _188
강 _95
강세, 악센트를 붙이다 _170
강한 _187
같은, 동일한, 마찬가지로 _182
개 _78
거기에, 그곳에서 _248
거리, 길 _94
거울 _131
거절하다 _227

거짓말, 눕다 _146
거품 _156
걱정하다, 괴롭히다 _228
건강 _70
건강이 나쁜, 병든 _190
건너서, ~의 저쪽에 _250
걷다 _206
걸음 _162
검정, 검은 _75
겨울 _65
견과(땅콩, 호두 등) _115
결정하다, 해결하다 _230
결코 ~하지 않다 _251
결합하다, 합치다 _226
결혼하다 _221
경우, 상자 _16
경찰 _108
계단 _90
계량기 _136
계절 _65
계획, 계획하다 _148
고기 _113
고르다, 선택하다 _225
고리, 반지 _129
고양이 _78
고정시키다,

고정하다 _213
곤충, 벌레 _81
곧은, 똑바른 _194
골프 _145
곰 _79
공 _123
공간 _88
공기 _100
공부, 연구하다 _148
공원 _92
공정한 194
공항 _93
과일 _83
관, 파이프, 피리 _158
교회 _91
구름 _98
구멍 _157
구부리다 _216
구석, 모퉁이 164
구성하다, 조립하다 _229
국민, 국가 _110
귀 _71
귀머거리의 _190
귀여운, 귀여운 사람 _178
규칙, 지배 _142
그 밖의 _195
그 사람 _237
그 여자 _237
그, 저, 이 _234
그것 _237
그들 _238

그러나, 다만 _235
그리고, 또한 _235
그리다, 페인트 _207
그림, 사진, 그리다 _103
그와같이, 그렇게, 설마, 그래 _249
근심, 걱정, 염려하다 _154
금, 금빛 _77
급우 _109
기, 깃발 _138
기다리다 _220
기둥, 우편 _158
기록, 각서 _148
기록하다, 녹음하다 _222
기름 _158
기분, 감정 _152
기쁘게하다 _201
기쁜, 즐거운 _176
기쁨 _151
기사, 조항 _171
기초, 기초를 두다 _166
기타 _104
기호, 신호 _163
기호 153
긴 양말, 호스 128
긴 의자 _130
긴, 오랜 _174
길, 도로 _94
길, 진로, 방향 _170

깊은 _187
깡통, 통조림, ~할
수 있다 _135
깨끗한 _182
깨다, 일어나다 _205
꼭대기 _164
꽃 _85
꿀벌 _82
꿈, 꿈꾸다 _151
끌다, 당기다 _215
끌다, 당김 _215
끌다, 유인하다 _215
끓다, 끓이다 _222
끝내다, 완성하다,
끝나다 _219

ㄴ

나는, 내가 _236
나라, 국가, 시골
_101
나르다, 운반하다
221
나무 _95
나무, 목재, 숲 _95
나비 _82
나쁜 _176
나쁜 _176
나이, 햇수 _140
낙농장, 우유점 _93
난로 _133
날, 하루 _121
날개 _157
날것의 _189
날짜 _121
남자, 사람 _106
남쪽, 남향의 _66
낭비하다, 거친 _223
낮은, 낮게 _175
냄새맡다, 냄새 _221
넷, 4 _62

년,, 해, 나이 _121
노랑, 노란 _75
노래 _104
노여움, 성나게하다
_151
녹색, 녹색의 _76
논쟁, 경쟁, 경연
_150
논하다 _230
놀다, 상연하다,
놀이 _205
놀라움 _155
놀람, 경보 _155
놀이, 경기 _144
농장, 경작하다 _92
높은 _175
놓다, 넣다 _224
놓치다 _218
누구, 어떤 사람
_238
누르다, 압박 _215
눈 _71
눈, 눈이 오다 _99
눈물 _162
뉴스 _165
느린 _180
늦은 _180

ㄷ

다리 _73
다리 _91
다섯, 5 _63
다시, 한번 더 _248
다음의 _195
다이얼 _137
단과대학 _142
단추, 버튼 _129
닫다 _212
닫다, 막다 _211
달 _99

달걀, 알 _114
달러 _139
달리다, 달리기 _206
달콤한, 단것 _186
닭고기 _113
당신 _236
대답하다, 대답 _210
더러운 _182
더위, 열 _100
던지다, 던지기 _206
덮다, 싸다 _212
도덕의 _196
도둑, 절도 _111
도서관 _92
도장, 소인 _137
도착하다 _219
돈, 재산 _138
돈, 주화 _139
돌 _98
돌고래 _81
돕다 _211
돕다, 거들다 _211
동물, 동물의 _78
동물원 _93
동정, 연민 _154
동쪽, 동쪽의 _66
돼지 _79
되돌아가다,
돌려주다 _218
되풀이하다, 반복
_218
두꺼운, 굵은 _82
두려워하는,
걱정하는 _189
두목, 선장 _110
둘, 2 _62
둥근, ~의 주우 에
_182
뒤로, 뒤의 _246
뒤에, 나중에 _250
득점, 점수 _144
듣다 _203

듣다, 들리다 _203
들다, 잡고 있다
_213
등불 _136
디자인, 설계 _103
디저트, 후식 _115
따뜻한 _183
딱딱한, 어려운 _186
딸 _69
땅, 운동장 _97
때, 시간 _119
때리다, 치다 _214
떠나다 _219
떨어져, ~로부터
벗어나 _251
떨어져서, 따로 _250
떨어지다, 내리다
_213
또는 _235
또한 _245
뛰다, 도약 _206
뜨거운, 더운 _183
띠, 끈, 끈으로 묶다
_135

ㄹ

라디오 _131
레몬 _83
로봇, 인조인간 _159
로케트 _159
리본 _124

ㅁ

마당, 울안 _90
마루 _89
마른, 건조한 _184
마시다, 음료 _204
마을 _93

마지막, 끝 _165
마지막의 _195
막대 _158
막대기 _156
만나다 _210
만들다 _207
만약 ~라면 _235
만져보다, 느끼다 _202
많은, 매우 _181
많은, 다수의 _181
말 _80
말, 단어 _162
말하다 _202
말하다, 이야기하다 _202
맛, 맛보다 _161
매다 216
매력, 마력 _171
매우 _245
머리 _70
머리카락 _70
머무르다 _219
먹다 _204
먹이를 주다 _225
멀리, 먼 _246
멈추다, 서다, 멈춤 _207
메달, 훈장 _137
멜론 _84
모든 _193
모든, 일체의 _193
모래 _100
모양, 형태 _169
모욕하다, 모욕 _231
모자 _127
모자(테가 있는) _127
모형, 모델 _169
목 _72
목마른 _190

목소리 _163
목욕 _145
몸 _70
몹시 놀라게하다 _229
무거운 _187
무거운 짐, 부담 _167
무게, 중량, 무겁게하다 _170
무릎 _73
무리, 집단 _140
무서운, 대단한, 장엄한 _189
무엇, 얼마, 무슨, 어떤 _238
무엇이나, 누구나 _239
문 _88
문, 출입문 _88
묻다, 물어보다 _210
물 _116
물건, 물체 _167
물고기, 생선 _81
물방울, 떨어지다 _158
물질, 재료 _167
미끄러지다 _216
미소짓다, 미소 _201
미안한 _179
미워하다 _227
미친 _189
민중의, 인기 있는 _196
밀다, 밀기 _215

ㅂ

바구니 _136

바나나 _83
바닷가, 해변 _95
바람, 소문 _99
바른, 곧은, 바르게 _194
바쁜 _180
바위, 암석 _97
바지 _126
밖으로, 밖에, 밖의 _246
발 _74
밝은 _183
밤 _120
방 _89
방문하다, 방문 _220
방향 _66
배 _87
배, 배나무 _84
배고픈 _187
배반하다 _230
배우다, 익히다 _220
백만 _64
백부, 숙부, 아저씨 _69
버스 _86
버터 _116
벌판, 들 _96
베다, 자르다 _214
벽, 담 _90
변하다, 바꾸다, 변화 _217
별 _98
병 _134
병든 _191
병원 _91
보내다 _217
보다 _203
보다 _203
보이다 _202
보통의 _196

복사, 사본 _143
복숭아 _84
복잡한 _186
볼, 뺨 _1
봄, 용수철 _65
부드러운, 온화한 _186
부르다 _210
부모 _67
부수다, 부서지다 _215
부엌 _89
부유한, 풍부한 _184
부재의, 결석한, 결석하다 _197
북, 북을 치다 _157
북쪽, 북쪽의 _66
분(分), 순간 _122
분필 _134
분홍, 분홍색의 _76
불다, 바람에 날리다 _224
붙잡다, 따르다 _212
비, 비가 오다 _99
비, 비로 쓸다 _138
비누 _132
비틀다, 꼬다 _217
빈, 공허한 _191
빗, 빗질하다 _138
빛, 밝은 _152
빠른 _180
빠른, 신속한, 빨리 _180
빨강, 붉은 _76
빵 _114
뾰족한 끝, 점 _165

ㅅ

사격하다, 쏘다

_222
사과 _83
사다 _209
사람들, 국민 _105
사랑, 사랑하다 _152
사무, 영업, 사업 _143
사발, 대접 _112
사슴 _80
사실 _166
사용, 효용 _170
사자 _78
사진기 _131
사촌 _69
사탕 _15
살다, 살아있는 _211
살찐 _190
상의, 외투 _126
상자 _136
새 _81
새로운 _179
새로운, 신기한, 소설 _191
색, 빛깔 75
샐러드 113
생각 153
생각하다, 상상하다 _228
생명, 삶 _151
생애, 경력 _167
생일 _122
생쥐 _80
서다, 세우다 _204
서두름, 서두르다 155
서쪽, 서쪽의 66
섞다, 혼합하다 224
선, 끈 _157
선물 _123
선택 _153
선택, 고르다 _153
설탕 _115

섬 _100
성난, 노한 _177
성당, 사원 _92
성장하다, 키우다 _226
세계, 지구 _101
세부 _163
셋, 3 _62
셔츠 _126
소금 _115
소나기 _99
소녀 _106
소년 _105
소리 _161
소리가 큰, 시끄러운 _185
소리치다, 울다 _201
소음 _168
소풍, 소풍가다 _102
속도, 빠름 _162
손 _73
손가락 _73
손님 _109
손목시계, 지켜보다 _128
손잡이, 자루 _156
솔 _132
솔개, 연 _81
쇠고기 _113
수 _62
수건 _132
수도 _101
수를 세다, 계산하다 _208
수영 _145
수프 _114
숙녀 _106
숟가락 _112
숨다, 숨기다 _217
쉬운 1_85
스커트 _127

스타일, 모양 _161
스포츠, 오락, 운동 _144
슬픈 _177
습관, 관례 _168
습관, 실행, 실습 _168
시각, 봄, 조망 _161
시계 _128
시도, 시도하다, 해보다 _147
시민 _110
시민의 _196
시원한, 차가운 _183
시작하다, 시작하다 _219
시장 _93
시트, 홑이불 _132
시험, 검사 _147
식물 _97
신, 구두 _127
신, 조물주 _109
신선한, 상쾌한 _179
실재하는, 현실의 _191
심장, 마음 _72
십자형, 교차시키다 _165
싸움, 말다툼 _150
싸움, 전투 _150
쌀, 밥 _114
쓰다 _206
쓰다, 소비하다 _223
씻다, 빨다, 세탁 _221

O

아기 _105
아니오 _247
아들 _69

아래로 _246
아름다운, 훌륭한 _178
아무도 ~않다 _239
아버지 _67
아빠 _68
아이 _105
아이, 새끼염소 _105
아주, 완전히 _249
아직, 그러나 _236
아침 _119
아침식사 _117
아파트 _92
아홉, 9 _63
악마 _111
안내자, 안내하다 _109
안전한 _187
앉다 _204
알다, 이해하다 _225
알아차리고 _195
알파벳, 초보 _103
암소, 젖소 _79
암탉 _79
앞쪽, 정면의 _164
앞쪽에, 전방에 _250
야영, 텐트생활, 야영하다 _145
양 _80
양쪽의, 둘 다 _194
양초 _123
어느쪽, 어느쪽의 _239
어두운, 어둠 _183
어디에 _239
어떤, 어느 _196
어떻게, 얼마나 _246
어리석은 _192
어리석은, 바보 _191
어머니 _67
언덕 _96
언덕, 산 _95

언제, ~할 때 _239
얻다 _209
얼굴, 낯 _70
얼음 _117
엄마 _68
여기에, 여기서 _247
여덟, 8 _63
여름 _65
여분의, 특별한 _195
여섯, 6 _63
여자, 부인 _106
여행, 소풍 _102
여행, 여행하다 _102
연기, 흡연, 담배를 피우다 _159
연필 _125
열, 10 _64
열다, 열린 _212
열쇠 _135
열차, 훈련하다 _86
영웅 _111
영화, 영화관 _104
예, 그렇습니다 _247
예쁜, 귀여운 _177
예술, 미술 _103
예술가, 미술가 _107
오늘, 현재, 오늘날 _120
오늘밤 _120
오다, ~이 되다 _208
오래된, 늙은 _179
오렌지, 오렌지색의 _84
오르다, 기어오르다 _213
오리 _80
오전 _119
오페라, 가극 _104
오후 _120
오후, 오후의 _119
온화한, 친절한 _178

올바른, 정확히, 다만 193
옷, 의복 126
왕 111
왕비, 여왕 111
왜 238
왜냐하면, ~때문에 235
외치다, 큰소리를 내다 223
왼쪽의, 왼쪽에, 왼쪽 194
요구하다, 청구하다, 요구, 청구 231
요리하다, 요리사 204
용감한, 화려한 188
용서, 용서하다 154
용서하다, 변명하다 229
우두머리, 지도자 110
우리 237
우연의, 되는 대로의 197
우유, 젖 116
우편, 우편물 134
운전하다, 드라이브하다 207
움직이다, 감동시키다, 움직임 228
웃다, 비웃다 201
웅덩이, 풀 96
원, 동아리 141
원동력, 모터 168
원하다 228
월, 달 121
위대한, 훌륭한 176
위로, ~의 위에 242
위험, 위험물 153
유능한 192

유리, 컵 _117
유명한 _188
육군, 군대 _142
육지, 토지, 나라 _100
융단, 양탄자 _133
은, 은색, 은색의 _77
은행 _91
음식 _112
음악 _103
읍, 소도시 _101
의무, 임무 _171
의미하다 _227
의복, 옷을 입다 _126
의사, 박사 _107
의자 _130
의존하다 _231
이, 이빨 _72
이것 _237
이기다, 승리 _221
이내, 곧 _248
이름 _140
이모, 고모, 숙모, 아주머니 _69
이미, 벌써 _249
이야기 _149
이야기하다 _203
이야기하다, 관계시키다 _223
이익 _171
인쇄하다, 인쇄 _222
인형 _124
일, 작업 _143
일곱 7 _63
일기 _135
일어나다, 발생하다 _229
일으키다, 눈뜨다 _226
일찍 _245
읽다 _205

잃다 _217
임상 강의, 진료소 _167
입 _71
입다, 착용하다 _205
입술 _72
잉크 _137
잊어버리다 _227
잎, 나뭇잎, (책의) 한 장 _97

ㅈ

자극하다, 흥분시키다 _231
자랑하다 _230
자매, 언니, 여동생 _69
자유로운 _178
자전거 _87
작은 _174
작은 배 _87
잔, 컵 _117
잔인한, 비참한 _189
잘, 훌륭히, 샘 _245
잠시의, 간결한 _197
잠자다, 수면 _205
잡담, 잡담하다 _149
장갑 _128
장난, 재미 _144
장난감 _123
장미 _85
장소, 곳, 위치 _88
저것, 그것 _238
저녁, 해질무렵 _120
저녁식사 _118
저울, 균형 _136
저자, 창조자 _108
저지르다, 위임하다 _231
적용하다 _230

적은, 거의 없는 _181
전투 _150
전화기 _131
절반, 절반의 _160
젊은 _179
점심, 도시락 _117
접시, 요리 _112
접촉, 대다, 닿다 _148
정거장 _94
정글, 밀림 _96
정말로 _248
정사각형, 네모의 _169
정원, 뜰 _90
정찬, 만찬 _118
젖은 _184
제로 0 _64
제비꽃, 보라색 _85
제비뽑기, 몫 _146
조용한 _185
조용한, 정지한, 아직, 여전히 _185
조종사 _108
종, 초인종 _124
종류, 분류하다 163
종이 _133
종종 _249
좋아 _247
좋아하다, 비슷한 _200
좋은, 멋진 _175
좋은, 훌륭한 _176
좌석, 앉게하다 _169
주, 일주일 _121
주다, 선사하다 _209
주목하다, ~으로 여기다 _232
주소 _141
주스 _116
주위에, ~을 돌아 _251
주제, 학과 _171
죽다 _211
준비된, 준비하다 _192
중심의 _193
중앙 _163
중앙, 한가운데의 _164
즐기다 _200
증기, 김 _159
증명, 증거 _168
지구, 땅 _101
지금 _245
지대, 구역 _140
지도 _134
지도하다, 직접의 _225
지배, 관리, 지배하다 _147
지붕 _90
지연시키다 _232
지키다, 보유하다 _218
지하도, 지하철 _86
지휘, 선도 _140
진행, 진로 _165
질, 품질, 성질 _169
짐을 싣다, 청구하다 _224
집, 가옥 _88
짓다, 세우다 _213
짖다 _201
짧은 _175
짧은 양말 _128

ㅊ

차, 자동차 _133
차다 _212
창문 _89
찾아내다, 발견하다 _220
채우다, 가득차다 _224
책 1_23
책, 부피, 용적 _166
책상 _130
천장, 한계 _170
첫째의, 최초의 _193
쳐부수다, 지우다 _216
초청하다 _227
추운 _184
축구 _144
축축한 _184
출발, 출발하다 _147
출석한, 현재의, 현재, 선물 _197
춤, 무용, 춤추다 _104
충고, 조언 _154
충분한 _188
충분한, 가득 찬 _188
취하다, 받다 _210
측면 _164
치과의사 _107
치다, 두드리다 _214
치다, 두드리다, 때리다 _214
치다, 때리다 _214
치료, 치료하다 _148
치르다, 지불하다, 지불 _218
치즈 _114
친구 _109
친애하는 _177
친절한, 종류 _178
침대 _130

ㅋ

카드, 트럼프, 엽서 _124
칼 _112
커튼 _132
케익 _116
코 _71
크기 _162
크레용 _133
크림 _138
큰 _174
큰, 넓은 _174
클럽, 동호회, 곤봉 _141
키가 큰 _174
키스, 입맞춤 _146

ㅌ

타다, 타고 가다 _207
탁자, 식탁 _130
태양 _98
태우다, 타다 _222
택시 _86
테니스 _145
토끼 _79
토론, 논쟁, 논쟁하다 _149
토마토 _84
통치자 _110
튤립 _85
팀, 패 _141

ㅍ

파랑, 푸른 _75
파리, 날다 _82
판자, 칠판 _134

팔 73
팔다, 팔리다, 판매 _209
페이지, 면 _161
펜, 펜촉 _124
편지 _135
평면, 비행기 _86
평화 _152
포도 _83
포스터, 벽보 _159
폭이 넓은 _181
폭이 좁은 _181
폭탄 _157
표, 입장권, 승차권 _156
풀, 반죽한 것 _156
풀, 잔디 _97
풍선, 기구, 부풀다 _125
피로한, 지친 _190
피아노 _104
피하다 _232
핀, 못, 바늘 _137
필름 _131
필요, 필요로 하다 _155

ㅎ

하나, 1 _62
하나의, 어떤 _234
하나의, 어떤, 일종의 _234
하늘 _98
하다 _200
하이킹, 도보 여행 _102
학과, 수업 _142
학교 _91
학급, 반, 계급 _141

학생 _108
한 번, 일찍이, 일단 _249
한 벌, 놓다 _160
한 벌, 슈트, 소송 _160
한 시간 _122
한 쌍 _160
한 조각, 단편 _160
할머니 _68
할아버지 _68
합격, 지나가다, 합격하다 _147
합주, 연주회 _146
항상, 언제나 _248
행복한, 기쁜 _177
행운 _152
행위, 행동하다 _143
행진, 행진하다 _146
허락하다, 인정하다 _228
혀, 말 _72
혁대 _129
현관, 홀 _89
현금, 현금으로 지불하다 _139
형, 오빠, 남동생 _68
호랑이 _78
호수 _96
호주머니, 지갑 _129
혼동하다, 혼란시키다 _229
화물차, 트럭 _87
화제 _166
확신하는, 틀림없는 _192
확실한, 틀림없는 _192
회사, 동료, 교제 _142
회색, 회색의 _76
회전, 굴리다 _149

훌륭한, 멋진 _175
휴식, 쉬다 _149
휴일 _122
흔들리다, 동요, 흔들림 _223
희망, 기대 _151
흰색, 흰, 백색의 _75
(낱말을) 철자하다 _208

관사/조동사

(지금부터)~전에 _251
~까지 _243
~보다 _236
~부인 _107
~사이를, ~사이에 _244
~속으로 _242
~시(時) _119
~씨 _106
~안에, 안으로 _241
~양 _107
~없이 _244
~에 대하여 _240
~에 들어가다 _226
~에 의해 _240
~에, ~에서 _243
~에게 시키다 _226
~에도 불구하고 _236
~에서, ~으로부터 _241
~와 같이, ~이므로 _251
~와 함께 _241
~위에, ~에 _242
~위에, 끝나고 _243
~으로 _240
~을 넘어서, 저쪽에 _244
~을 따라서 _244
~을 위하여 _240
~의 _240
~으 곁에 _243
~으 뒤를 잇다, 따르다 _225
~의 뒤에, 후에 _241
~의 사이에 _244
~의 아래에, 아래로 _242
~의 아래에, 아래에 _242
~의 앞에, 앞쪽에 _241
~이 되다 _200
~이다, 있다 _200
~일 것이다 _252
~해도 좋다, ~일지도 모른다 _252
~허야 한다 _252